essentials

Essentials liefern aktuelles Wissen in konzentrierter Form. Die Essenz dessen, worauf es als „State-of-the-Art" in der gegenwärtigen Fachdiskussion oder in der Praxis ankommt. *Essentials* informieren schnell, unkompliziert und verständlich

- als Einführung in ein aktuelles Thema aus Ihrem Fachgebiet
- als Einstieg in ein für Sie noch unbekanntes Themenfeld
- als Einblick, um zum Thema mitreden zu können

Die Bücher in elektronischer und gedruckter Form bringen das Fachwissen von Springerautor*innen kompakt zur Darstellung. Sie sind besonders für die Nutzung als eBook auf Tablet-PCs, eBook-Readern und Smartphones geeignet. *Essentials* sind Wissensbausteine aus den Wirtschafts-, Sozial- und Geisteswissenschaften, aus Technik und Naturwissenschaften sowie aus Medizin, Psychologie und Gesundheitsberufen. Von renommierten Autor*innen aller Springer-Verlagsmarken.

Josef H. Jäger-Gammel ·
Michael Knoblauch

Flexibilisierung von Arbeit und Personaleinsatz

Arbeits- und
organisationspsychologische
Impulse für die Praxis

 Springer

Josef H. Jäger-Gammel
München, Deutschland

Michael Knoblauch
Weßling, Deutschland

ISSN 2197-6708 ISSN 2197-6716 (electronic)
essentials
ISBN 978-3-658-44387-0 ISBN 978-3-658-44388-7 (eBook)
https://doi.org/10.1007/978-3-658-44388-7

Die Deutsche Nationalbibliothek verzeichnet diese Publikation in der Deutschen Nationalbibliografie; detaillierte bibliografische Daten sind im Internet über http://dnb.d-nb.de abrufbar.

Planung/Lektorat: Alexander Horn
Springer ist ein Imprint der eingetragenen Gesellschaft Springer Fachmedien Wiesbaden GmbH und ist ein Teil von Springer Nature.
Die Anschrift der Gesellschaft ist: Abraham-Lincoln-Str. 46, 65189 Wiesbaden, Germany

Das Papier dieses Produkts ist recyclebar.

Was Sie in diesem *essential* finden können

- Einen Überblick über Begriffe und typische Treiber der Flexibilisierung von Arbeit
- Eine kritische, soziotechnische Auseinandersetzung mit der flexiblen Gestaltung von Arbeit im Spannungsfeld von Individuum, Technik und Organisation
- Moderne Ansätze, um Flexibilität im zeitlichen und räumlichen Personaleinsatz zu erhöhen
- Exemplarische Studienbelege und Fallstudien als Inspiration für New Work Projekte
- Hinweise zur praktischen Gestaltung von Workforce Management Projekten, die Flexibilisierung zum Ziel haben

Inhaltsverzeichnis

1 Einleitung 1

2 **Grundlagen flexibler Arbeitsgestaltung** 3
   2.1 New Work als Auftrag an das Workforce Management 3
   2.2 Dimensionen flexibler Arbeit 5
   2.3 Treiber der Flexibilisierung von Arbeit 8
   2.4 Flexibilisierung von Arbeit aus soziotechnischer Perspektive 12

3 **Erkenntnisse über kontemporäre Formen flexibler
  Arbeitsgestaltung** 17
   3.1 Gleitzeit und Vertrauensarbeitszeit 18
   3.2 Teilzeit und komprimierte Arbeitswochen 19
   3.3 Flexible Schichtarbeit 20
   3.4 Zeitliche Flexibilität und Home-Office 26

4 **Praktische Hinweise zur Flexibilisierung von Arbeit** 29
   4.1 Erfolgsfaktoren für die Flexibilisierung von Arbeit 29
   4.2 Vorgehen in Projekten zur Flexibilisierung 35

5 **Zusammenfassung** 41

Literatur 43

Über die Autoren

Dr. Josef H. Jäger-Gammel ist Arbeits- und Organisationspsychologe sowie Unternehmensberater bei ATOSS Strategy & Process Consulting. Seine Forschungs- und Beratungsschwerpunkte umfassen Organisationsentwicklung und Führung für die Gestaltung zukunftsfähiger, innovativer Arbeitswelten.

Dipl.-Ing. Michael Knoblauch, MBA ist Ingenieur und Senior Direktor von ATOSS Strategy & Process Consulting. Als Experte für Workforce Management unterstützt er seit knapp 20 Jahren Organisationen unterschiedlichster Branchen dabei, zukunftsfähige Prozesse und Organisationsformen zu implementieren.

Einleitung

Arbeitnehmer wünschen sich heute Möglichkeiten, ihre Arbeitstätigkeit mit anderen Lebensbereichen flexibel in Einklang bringen zu können. Aber auch Marktdynamiken und beschleunigte Geschäftsprozesse führen dazu, dass Unternehmen ihr Personal immer flexibler einsetzen müssen, um schwankende Personalbedarfe zu decken und dem Wettbewerb standzuhalten. Wie gelingt es Unternehmen, ihre Arbeitsplätze so zu gestalten, dass sie für Arbeitnehmer attraktiv bleiben und den wirtschaftlichen Veränderungen standhalten? Es erfordert flexible Lösungen im Workforce Management, die sowohl die Seite des Unternehmens als auch die Seite der Arbeitnehmer berücksichtigen.

Es ist demnach nicht überraschend, dass Flexibilisierung und Digitalisierung der Arbeitswelt seit einigen Jahren zu den wichtigsten Themen des Personalmanagements zählen. In den HR-Reports der Unternehmensberatung Hays liegt die Flexibilisierung von Arbeitsstrukturen und -zeiten in den letzten Jahren stets unter den Top-Themen der befragten Führungskräfte (Hays, 2017, 2023). Häufig werden dann unter dem Begriff *New Work* Maßnahmen erdacht und eingeführt. New Work, so wie es ursprünglich vom Anthropologen und Sozialphilosophen Frithjof Bergmann formuliert wurde, beschreibt ein radikales neues Arbeitsverständnis, in dem Menschen Freiheit, Selbstständigkeit und Teilnahme an der Gesellschaft genießen (Bergmann, 2004). In der Praxis geht es aber inzwischen zumeist um die Schaffung von mehr Flexibilität dahingehend, wann, wie lange und wo gearbeitet wird.

Welche Ansätze zur Flexibilisierung von Arbeit sind inzwischen etabliert und welche Befunde gibt es darüber, ob sie sich wirklich positiv auf Mitarbeiter und Unternehmen auswirken? Was muss beachtet werden, wenn ein Unternehmen seine etablierten Regeln des Arbeitens infrage stellt und mehr Flexibilität

© Der/die Autor(en), exklusiv lizenziert an Springer Fachmedien Wiesbaden GmbH, ein Teil von Springer Nature 2024
J. H. Jäger-Gammel und M. Knoblauch, *Flexibilisierung von Arbeit und Personaleinsatz*, essentials, https://doi.org/10.1007/978-3-658-44388-7_1

einfordert? Mit diesen Fragen setzt sich dieses Springer Essential auseinander. Im ersten Teil des Buchs werden Begriffe und Treiber der Flexibilisierung von Arbeit geklärt. Im mittleren Teil werden kontemporäre Ansätze für zeitlich und räumlich flexibles Arbeiten vorgestellt und wissenschaftliche Befunde zu deren Wirkung auf Mitarbeiter und Unternehmensziele erläutert. Dabei stellen wir an manchen Stellen Fallstudien und Praxisbeispiele vor, um konkrete Herausforderungen zu verdeutlichen. Im letzten Teil des Buchs werden Erfolgsfaktoren und Vorgehensweisen für entsprechende Workforce Management Projekte aufgezeigt.

Grundlagen flexibler Arbeitsgestaltung 2

2.1 New Work als Auftrag an das Workforce Management

Entscheidungsträger aller Branchen sind daran interessiert, qualifiziertes Personal zu finden, zu binden und möglichst effizient – heißt kostenbewusst und bedarfsgerecht – am Arbeitsplatz einzusetzen. Zum einen liegt das daran, dass Arbeitskraft, Wissen, Kompetenz und Kreativität der Mitarbeiter wesentliche Wettbewerbsvorteile mit sich bringen, die es zu nutzen gilt. Zum anderen machen Personalkosten in den meisten Betrieben aber auch einen beachtlichen Teil der Gesamtkosten aus; laut statistischem Bundesamt schwankte der Anteil in deutschen Betrieben beispielsweise im Jahr 2020 zwischen 23,6 und 27,2 % vom Gesamtumsatz (Statistisches Bundesamt, 2022). Folglich muss zwar Personal gefunden und gebunden, aber auch mit Blick auf deren Kosten eingesetzt werden. Um betriebliche Effizienz mit den Vorstellungen und Wünschen der Arbeitnehmer in Einklang zu bringen, braucht es zunehmend mehr Kreativität und Flexibilität in der Gestaltung von Arbeit.

Ein wesentlicher Ansatzpunkt, sowohl für einen kosteneffizienten Personaleinsatz als auch zur Förderung der Arbeitgeberattraktivität, ist die Erhöhung der grundsätzlichen Flexibilität, wer, wann, wo und wie lange arbeitet. Nicht zuletzt deswegen sind die sogenannten „New Ways of Working" heute im Fokus vieler Unternehmen: Formulierungen wie „Flexible Arbeitszeiten", „Teilzeitoptionen", „Vereinbarkeit von Beruf und Familie" oder „4-Tage-Woche möglich" prägen seit langem Stellenausschreibungen und Projekte. New Work wird heute als eine flexible Gestaltung von Arbeit verstanden, in der Beschäftigte verstärkt selbst entscheiden können, wann und wo sie arbeiten. Die drei Kernmerkmale sind 1) zeitliche Flexibilität, 2) örtliche Flexibilität und 3) Möglichkeiten zur digitalen

J. H. Jäger-Gammel und M. Knoblauch, *Flexibilisierung von Arbeit und Personaleinsatz*, essentials, https://doi.org/10.1007/978-3-658-44388-7_2

Kommunikation und Kollaboration, um die Flexibilität zu ermöglichen (vgl. ten Brummelhuis et al., 2012.; van Steenbergen et al., 2018). Der Trend geht also eindeutig Richtung mehr Flexibilität und Freiheit dahingehend, wann, wo und wie gearbeitet wird. Dieser Bedarf hierfür resultiert sowohl aus lebensweltlichen als auch aus betrieblichen Umständen.

> **Definition: New Work**
> Flexible Gestaltung von Arbeit, in der Beschäftigte entscheiden können, wann und wo sie arbeiten. Die Kernmerkmale sind zeitliche und örtliche Flexibilität sowie digitale Kommunikation und Kollaboration.

Die Disziplin, die sich mit Fragen der Arbeitszeit und Einsatzgestaltung beschäftigt, ist Workforce Management. Sie ist eine Teildisziplin des Personalmanagements und stellt sicher, dass Mitarbeiter mit der richtigen Qualifikation zur richtigen Zeit am richtigen Ort effektiv und effizient eingesetzt werden. Workforce Management im engeren Sinne umfasst die Personaleinsatzplanung, das Arbeitszeitmanagement sowie das zugehörige Controlling der Ergebnisse. Im besten Falle werden durch seine Instrumente die vorhandenen Personalressourcen so eingesetzt, dass unnötige Personalkosten vermieden werden und die Produktivität bedeutend gesteigert wird (vgl. Cassens-Röhrig, 2015; Scherf & Zander, 2021). Typische Fragen, mit denen sich Workforce Management Verantwortliche heute auseinandersetzen müssen, sind:

- Wie flexibel können Mitarbeiter selbst entscheiden, wann und wie lange sie arbeiten?
- Wie viele unterschiedliche Teilzeitmodelle müssen angeboten werden?
- Wie viel Urlaub müssen Mitarbeiter bereits zum Jahresbeginn verplanen?
- Ist es möglich, Schichtpläne durch Mitarbeiter selbst schreiben zu lassen?
- Wie kann unnötige Mehrarbeit vermieden werden?
- Welchen Schwankungen unterliegt der Personalbedarf tatsächlich?

Unternehmen initiieren fortlaufend Workforce Management Projekte, um solche Fragen zu klären und beispielsweise durch neue Arbeitszeitregelungen und moderne Schichtsysteme Kosten zu sparen sowie die die Arbeitgeberattraktivität zu erhöhen.

▶ **Definition: Workforce Management**
Teildisziplin des Personalmanagements, die mit entsprechenden
Strukturen, Prozessen und Systemen sicherstellt, dass das Personal
zur richtigen Zeit am richtigen Ort mit der richtigen Qualifikation so
eingesetzt wird, dass unternehmerische Ziele erreicht werden können.

2.2 Dimensionen flexibler Arbeit

Um Ansätze zur Flexibilisierung von Arbeit besser einordnen zu können, ist es
wichtig zu verstehen, welche Dimensionen sie umfasst. In der wissenschaft-
lichen Literatur finden sich beispielsweise zeitliche, räumliche, fachliche und
vertragliche Formen der Flexibilität sowie auch die Flexibilität hinsichtlich Wahl-
möglichkeiten von Benefits und Ähnlichem (z. B. Joyce et al., 2010; Hill et al.,
2008). Hill et al. (2008) definieren die Flexibilität am Arbeitsplatz im engeren
Sinne als die Möglichkeit von Beschäftigten zu beeinflussen, *wann, wo* und *wie
lange* sie arbeitsbezogenen Aufgaben nachgehen (S. 152). Dies ist dem New
Work Begriffsverständnis sehr nahe, legt sich aber rein auf die Flexibilität für
Mitarbeiter fest. Diese zeitliche und räumliche Dimension sollte aus unserer Sicht
zudem noch durch eine fachlich-inhaltliche ergänzt werden, denn die drei Dimensionen Zeit, Ort und Inhalt lassen es in Kombination zu, jede Arbeitstätigkeit
hinsichtlich ihrer Flexibilität zu charakterisieren.

▶ **Definition: Flexible Arbeitsgestaltung**
Gestaltung von Arbeit in einer Weise, dass Arbeitnehmer und/
oder Arbeitgeber flexibel festlegen können, wann (zeitliche Flexibilität) und wo (räumliche Flexibilität) welche Arbeit wie (fachlich-
inhaltliche Flexibilität) erbracht wird.

Zeitliche Flexibilität beschreibt, inwieweit seitens des Arbeitgebers oder des
Arbeitnehmers mehr oder weniger stark variiert werden kann, wann und wie
lange gearbeitet wird. Die Dauer und Lage der Arbeitstätigkeit können dabei
unterschiedlich stark beeinflusst werden. Regelungen zur Gleitzeit sowie Vertrauensarbeitszeit bringen entsprechende zeitliche Flexibilitäten und Freiräume für
die Beschäftigten mit sich. Auch die Möglichkeit zur Erbringung von Mehrarbeit
bzw. Überstunden bringt zeitliche Flexibilität mit sich, wenngleich dies meistens vom Arbeitgeber eingefordert wird. Typische Herausforderungen bei der

Flexibilisierung von Dauer und Lage individueller Arbeitszeiten sind insbesondere die Wahrung gesetzlicher Vorgaben zu Erholungs- und Pausenzeiten sowie die Sicherstellung der Personalbedarfsdeckung bzw. -verfügbarkeit, wenn Arbeitnehmer über die Flexibilität bestimmen können. Auch Arbeitsverträge definieren häufig die Grenzen dieser zeitlichen Flexibilität.

Räumliche Flexibilität bedeutet entsprechend, dass der Ort, an dem gearbeitet wird, variiert werden kann. Arbeit aus dem Home-Office sowie Möglichkeiten, von anderen Standorten und in anderen Ländern zu arbeiten (z. B. Work-from-EU, Mobile Work), gehören hierzu und bringen Freiheiten für Unternehmen und Mitarbeiter. Dies stößt in der Praxis aber nicht selten an rechtliche, technische und organisatorische Grenzen–beispielsweise wenn die Erledigung der Arbeitsaufgaben bestimmte Technologien und Sicherheitsvorkehrungen erfordert, die auf mobilen sowie remote Arbeitsplätzen nicht zur Verfügung gestellt werden können. Arbeitszeitgesetz, Arbeitsschutzvorschriften und auch Datenschutz und -sicherheit sind in jedem Falle zu beachten, wenn Konzepte zur Förderung räumlicher Flexibilität umgesetzt werden. Üblicherweise formulieren Unternehmen auch hierzu entsprechende Vereinbarungen.

Die *fachlich-inhaltliche Flexibilität* beschreibt im Wesentlichen Freiheitsgrade dahingehend, welche Aufgaben wie zu erledigen sind. Wir fassen hier sowohl die Flexibilität hinsichtlich der Arbeitsaufgabe (was ist zu erledigen) als auch der Mittel und Wege zur Erledigung des Arbeitsauftrags (wie ist es zu erledigen) zusammen. Arbeitsplatzübergreifende Einsätze bergen beispielsweise Potenziale für fachlich-inhaltliche Flexibilität und Variabilität, sofern es qualitative Unterschiede in den Aufgaben und Anforderungen gibt. Mit der fachlich-inhaltlichen Flexibilität steigt auch die Breite der zugrundeliegenden Anforderungen und erforderlichen Kompetenzen, sodass entsprechende Trainings- und Entwicklungsmaßnahmen erforderlich sind.

Diese Basisformen der räumlich, zeitlich und fachlich-inhaltlichen Flexibilität sowie deren Kombinationen decken das Spektrum möglicher Flexibilisierung von Arbeit weitgehend ab (siehe Abb. 2.1). In der Praxis treten sie meist zusammen auf. Wer im Home-Office arbeiten darf, hat in der Regel auch zeitliche Spielräume. Zudem kann ein zeitlich und räumlich flexibler Personaleinsatz manchmal nur dann gelingen, wenn die entsprechende Mehrfachqualifikation und damit fachlich-inhaltliche Flexibilität in der Belegschaft vorliegt. Ist nämlich die Anzahl an in Frage kommenden Arbeitsplätzen für einen Teil Mitarbeiter aufgrund von fehlender Qualifikation zu stark begrenzt, kann auch oft Einsatzort und -zeit nicht

weiter variiert werden. Manche Arbeitsverträge definieren zudem zeitliche Flexibilität im weiteren Sinne durch Befristungen oder unfreiwillige Teilzeit (vgl.
Joyce et al., 2010) und regeln zeitgleich den Ort der Leistungserbringung.

Betrachtet man Flexibilität von Arbeit nicht nur aus Sicht des einzelnen
Arbeitsplatzes und Mitarbeiters sondern auf Ebene einer Gesamtorganisation,
sind Modelle wie das „Flexible Firm Model" (Atkinson, 1984) hilfreich. Nach
Atkinson (1984) muss es Unternehmen gelingen, eine numerische, funktionale
und finanzielle Flexibilität aufzubauen. Mit funktionaler Flexibilität ist gemeint,
wie flexibel die Kernbelegschaft für die sich ändernden Kernaufgaben eingesetzt werden kann. Dies benötigt eine entsprechende fachlich-inhaltliche Breite
und Flexibilität durch Training sowie Arbeitszeit- und Entlohnungssysteme, die
einen flexiblen Personaleinsatz zulassen. Die numerische Flexibilität wiederum

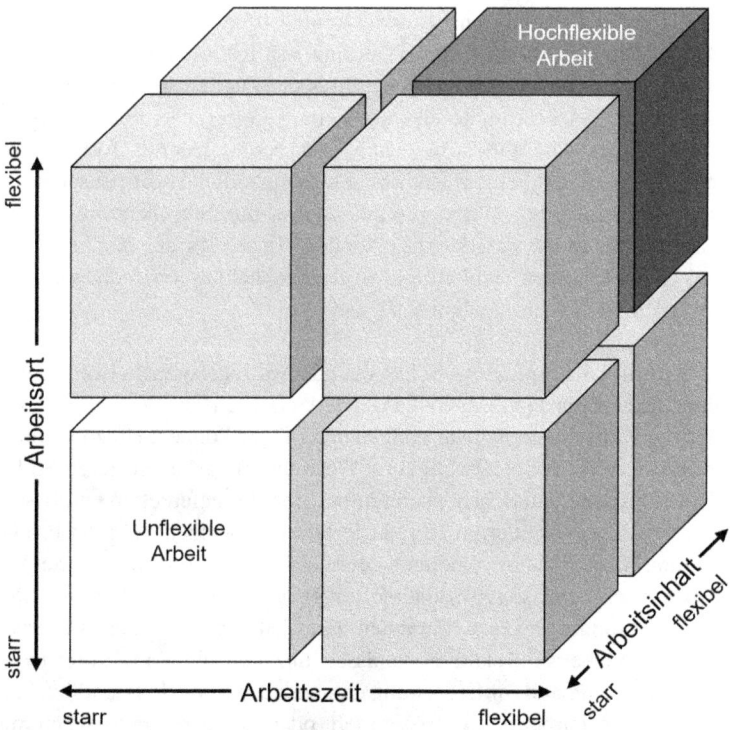

Abb. 2.1 Die Dimensionen flexibler Arbeit

beschreibt, wie flexibel weniger anspruchsvolle, anfallende Aufgaben durch die Erhöhung oder Reduktion der Personalstärken bewältigt werden–zum Beispiel durch den Einsatz externer Arbeitskräfte. Aber auch die kurz- und mittelfristige Anpassung von Arbeitszeiten kann hierzu zählen (z. B. Kurzarbeit). Die finanzielle Flexibilität beschreibt, zu welchem Grad eine Organisation die entsprechenden Lohnkosten an die Erfordernisse anpassen kann.

2.3 Treiber der Flexibilisierung von Arbeit

Flexibilität gilt heute als Allheilmittel für die unternehmerischen Herausforderungen unserer Zeit und prägt die Management Literatur der letzten Jahre (vgl. Redman et al., 2009). Diese Sichtweise macht nicht Halt vor dem Workforce Management. Was treibt aber die Flexibilisierung von Arbeit an? Für ein vertiefendes Studium von Trends und Entwicklungen rund um Personalplanung und -einsatz empfiehlt sich die Zusammenstellung von Rump und Eilers (2020): Die Autoren verweisen auf die großen Megatrends der Digitalisierung, Demographie, Diversität sowie auf bestimmte ökonomische, ökologische und gesellschaftliche Entwicklungen, die die Arbeitswelt von heute generell formen. Welche Aspekte davon ausschlaggebend sind, lässt sich sicherlich nicht pauschal für jede Organisation beantworten. Wir hören im Dialog mit Entscheidungsträgern aus Unternehmen aber immer wieder die gleichen Antworten auf die Frage, warum sie flexible Arbeitsformen etablieren müssen. Die aus unserer Sicht wesentlichen Treiber werden im Nachfolgenden kurz dargestellt.

Marktdynamik & Komplexität Schwankende Auftragslagen im Kontext globaler Abhängigkeiten führen dazu, dass in nahezu jeder Branche die Personalbedarfe stärkeren und engzyklischeren Schwankungen unterliegen können. Hinzu kommt, dass auch die Komplexität der Netzwerke und Wertschöpfungsketten steigt. So können beispielsweise Krisen und Schadensereignisse globale Lieferketten kurzfristig zum Erliegen bringen, was wiederum zu reduziertem Personalbedarf in der Produktion und Fertigung führt. Es kann aber auch der Bedarf an Personal unerwartet steigen, beispielsweise bei kurzfristigen Sonderaufträgen, gestiegener Nachfrage an Produkten oder, im Gesundheitswesen, Patienten. Dies hat zur Folge, dass Unternehmen Instrumente entwickeln und etablieren müssen, um auch mittel- und kurzfristig einer Personalüberdeckung und -unterdeckung entgegenzuwirken. Letztendlich bedeutet dies immer, dass Mitarbeiter kurzfristig mehr oder weniger Arbeit leisten müssen, als ursprünglich angenommen.

Digitalisierung & Automatisierung Die voranschreitende digitale Transformation in Unternehmen soll unter anderem Transparenz, Vernetzung und Beschleunigung mit sich bringen. Die Liste möglicher Anwendungsfälle ist inzwischen unüberschaubar lang. In Produktionsbetrieben werden beispielsweise Produktions-, Arbeits- und Personalplanungssysteme so vernetzt, sodass relevante Daten zusammenfließen und Personaleinsatzpläne erheblich schneller formuliert und angepasst werden können (für ein Beispiel, siehe ATOSS, 2022). Im Handel kann beispielsweise auf Basis von Kassenbons und Kundenfrequenzzählern mithilfe einer Software ein schwankender Personalbedarf prognostiziert und unmittelbar den Planungsverantwortlichen transparent gemacht werden (für ein Beispiel, siehe ATOSS, 2018). Durch Business Intelligence Lösungen können zudem Workforce Management Daten zusammengeführt und immer präziser dafür genutzt werden, flexibel und schnell unternehmerische Entscheidungen zu treffen.

Durch die zunehmende Digitalisierung und Automatisierung verändern sich auch Jobanforderungen und Erwartungen von Arbeitnehmern grundlegend. Digitale Datenverarbeitungs-, Kontroll- und Überwachungstätigkeiten nehmen zu. Die Fähigkeit, schnell und eigenständig neues Wissen zu erlangen, wird immer wichtiger. Hinzu kommen fortlaufend neue digitale Lösungen für virtuelle Zusammenarbeit und Kommunikation. Sie verändern den Informationsfluss und die Zusammenarbeit am Arbeitsplatz grundlegend und öffnen in vielen Fällen die Tür für flexibles Arbeiten. Diese digitale Kommunikation und Kollaboration wurde daher nicht zufällig Bestandteil einiger Definitionen von New Work (vgl. ten Brummelhuis et al., 2012.; van Steenbergen et al., 2018) und gelten spätestens seit der Covid-19 Pandemie für viele als betriebliche Realität.

Demographische Entwicklungen Nicht nur die Anforderungen an die Angestellten entwickeln sich, sondern auch die grundlegende Alters- und Bildungsstruktur in der Belegschaft. Drei demographische Entwicklungen in Deutschland stechen dabei besonders ins Auge: a) Ein kontinuierlicher Rückgang der Anzahl Erwerbstätiger; b) ein Anstieg des Anteils älterer Erwerbspersonen; c) Verschiebungen in Voll- und Teilzeitbeschäftigung bei Frauen.

Laut dem Statistischem Bundesamt ergab die 15. korrigierte Bevölkerungsvorausberechnung in Deutschland, dass 2030, unter Berücksichtigung von Zu- und Abwanderung, 1.6 bis 4,8 Mio. weniger Erwerbstätige existieren werden. Der Anteil älterer Erwerbstätiger ist dabei bereits jetzt auf einem hohen Niveau und steigt zumindest in den nächsten Jahren noch weiter an. 2022 lag der Anteil von Erwerbspersonen im Alter ab 65 Jahren bei 3,4 %, während er 2010 noch bei 1,6 % lag (Statistisches Bundesamt, 2024a). Dies hat zur Folge, dass Unternehmen sich mit alters- und lebensphasenorientierten Arbeitsmodellen beschäftigen und Lösungen suchen, um den individuellen Bedürfnissen und Kompetenzen älterer Beschäftigter gerecht zu werden. Dies erfordert Flexibilität.

Darüber hinaus ändert sich das Verhältnis von Voll- und Teilzeitbeschäftigung: „Bezogen auf die abhängig Erwerbstätigen stieg der Anteil zwischen 1985 und 2018 bei den Männern von 1,4 auf 11,2 % und bei den Frauen von 28,9 auf 47,9 %. 9,5 % aller Teilzeitbeschäftigten in Deutschland würden gern mehr Stunden arbeiten und wären dafür auch verfügbar. 45,8 % der Frauen gaben familiäre Verpflichtungen als Grund für die Teilzeitbeschäftigung an, bei den Männern waren es 10,3 %" (Bundeszentrale für politische Bildung, 2020). Dieser Trend wird flankiert von der qualitativen Veränderung im Bildungsstand und -verständnis; beispielsweise steigt der Anteil von Akademikerinnen (Statistisches Bundesamt, 2018, 2021). Um diese verfügbare Arbeitskraft in der Bevölkerung noch besser zu nutzen, braucht es auch wiederum flexible arbeitszeitliche Angebote mit Freiheitsgraden für Familie und berufliche Weiterentwicklung.

Globalisierung & Mobilität Die Globalisierung der Wirtschaft schreitet auch in den vergangenen Jahren weiterhin voran, wie beispielsweise das McKinsey Global Institute anhand einer Analyse globaler Netzwerke und Ressourcenströme aufzeigt (Seong et al., 2022). Hand in Hand mit der Digitalisierung und globalen Vernetzung in der Wirtschaft geht eine grundsätzlich beobachtbare Mobilität einher. Während die einen noch an einem Ort, Arbeitsplatz und Arbeitgeber gebunden sind und dies möglicherweise auch gut finden, sind andere gerne hochmobil und bevorzugen digitale Arbeit von überall. Ob nun durch Krisen getrieben oder von persönlichen Gründen, wächst steigt die Anzahl internationaler Studenten und Migranten global betrachtet an (Seong et al., 2022).

Auch die durchschnittliche Beschäftigungszeit bei einem Arbeitgeber ändert sich: Grundsätzlich wird zwar eine abnehmende Dynamik am Arbeitsmarkt beobachtet, aber die tatsächlichen Arbeitgeberwechsel schwanken stark zwischen unterschiedlichen Branchen und haben nach einem Tiefstand im ersten Pandemiejahr schnell wieder Fahrt aufgenommen (Gillmann et al., 2023). In einer Schweizer Umfrage gaben beispielsweise 44 % der Generation Z und 22 % der Millennials im Jahr 2023 an, weniger als 2 Jahre bei ihrem aktuellen Arbeitgeber zu bleiben (Statista, 2024). Diese Arbeitsmarktdynamik fordert das Workforce Management.

Work-Life Balance & Gesundheitsbewusstsein Ein Trend, der seit Jahren diskutiert wird, ist ein verstärktes Bewusstsein für die eigene Work-Life-Balance (oder auch Work-Family-Balance), insbesondere bei jüngeren Generationen von Arbeitnehmern. Das Konstrukt der Work-Life-Balance beschreibt, vereinfacht formuliert, die Beziehung zwischen arbeitsbezogenen und nicht-arbeitsbezogenen Aspekten im

Leben eines Individuums, wobei ein zufriedenstellendes Gleichgewicht zu erreichen ist. Wie genau Work-Life-Balance zu definieren ist und wie sie entsteht, wird in der Literatur kritisch diskutiert (z. B. Kelliher et al., 2019). So oder so zähle aber die Haltung, dass es neben der Arbeit auch andere Lebensbereiche zu respektieren gilt, zu den zentralen Ansprüchen der jüngeren Beschäftigten, wenn es um die Auswahl eines Arbeitgebers geht.

Wie steht es aber tatsächlich um den Wunsch nach einer Work-Life-Balance? Im randstat Employer Brand Report für Deutschland gaben 32 % der Befragten an, den Arbeitgeber zu wechseln, um die Work-Life-Balance zu verbessern. 21 % nannten auch fehlende flexible Arbeitsmöglichkeiten (randstad, 2023). In einer Zeit, in der die Anforderungen an Arbeitnehmer immer komplexer werden, die Lebensarbeitszeit steigt und Lebensbereiche zunehmend verschwimmen, ist es nur verständlich, dass diese Balance zwischen Arbeit und Beruf eingefordert wird. Wichtig ist zu verstehen, dass es nicht nur um die reine Vereinbarkeit von Beruf und Freizeit bzw. Familie geht, sondern um ein ausgewogenes Verhältnis von Belastungs- und Erholungsphasen. Wie diese ideal gestaltet sind, hängt vom Individuum ab.

Die von der Gesellschaft zunehmend gewünschte arbeitszeitliche Flexibilität, um Beruf und Privatleben in Einklang zu bringen, spiegelt sich auch in der Richtlinie der Europäischen Union vom 20. Juni 2019 zur Vereinbarkeit von Beruf und Privatleben für Eltern und pflegende Angehörige wider. Unter anderem wird von den Mitgliedstaaten gefordert zu gewährleisten, dass Arbeitnehmer mit Kindern, mindestens bis zum Alter von acht Jahren, und pflegende Angehörige das Recht haben, flexible Arbeitsregelungen für Betreuungs- und Pflegezwecke zu beantragen (Europäische Union, 2019).

In der Gesellschaft nimmt auch das Bewusstsein für physische und psychische Gesundheit zu. Immer mehr Menschen beschäftigen sich aktiv mit der Überwachung und Verbesserung des eigenen Gesundheitszustands und der mentalen Verfassung, was zur Folge hat, dass persönliche Zeit für gesundheitsbezogene Aktivitäten an Bedeutung gewinnt (vgl. Rump & Eilers, 2020). Arbeitnehmer kommen dem durch entsprechende Benefits (z. B. Zuschüsse für Mitgliedschaften in Fitness Centern) und Maßnahmen des betrieblichen Gesundheitsmanagements (z. B. Kursangebot während der Arbeitszeit) entgegen. Im Hinblick auf die gesundheitsförderliche und zugleich flexible Gestaltung von Arbeit sind aber noch viele Variablen ungeklärt und Lösungen unentdeckt.

Selbstbestimmung & Mitsprache Studien zeigen, dass Beschäftigte heute generell mehr Beteiligung und Freiheiten in der Arbeit einfordern (Carasco-Saul et al., 2015; Hays, 2017b). Der Wunsch nach flexiblen Gestaltungsmöglichkeiten der eigenen Arbeitszeit ist dabei unter Angestellten als auch unter Führungskräften verbreitet (Holst e al., 2015). In einer Studie der Beratungsfirma Hays in Zusammenarbeit mit der ZukunftsAllianz Arbeit & Gesellschaft e. V., der Gesellschaft für Wissensmanagement e. V. und der Technischen Universität München haben beispielsweise Zweidrittel von 1180 befragten Berufstätigen angegeben, sich mehr Freiheit und Souveränität in der Arbeit zu wünschen. Zudem tendiert die Mehrheit der Berufstätigen, sowohl die Gruppe der Studierten als auch die Gruppe mit Berufsausbildung, zu höherer Eigenbestimmung hinsichtlich Arbeitszeit und Arbeitsort. Zu den Erkenntnissen der Umfrage gehört auch, dass die Befragten eine auf Vertrauen basierende Kultur eher favorisieren als eine auf Kontrolle basierende (Hays, 2016). Für das Workforce Management bedeutet dies, dass Freiräume für die eigenständige und flexible Gestaltung von Arbeit geschaffen werden sollten, um als attraktiver Arbeitgeber zu gelten.

2.4   Flexibilisierung von Arbeit aus soziotechnischer Perspektive

Um Flexibilisierung von Arbeit erfolgreich zu gestalten, lohnt es sich, die im vorherigen Kapitel aufgezeigten Perspektiven zusammenzuführen. Aus organisationaler Sicht ermöglicht die Flexibilisierung von Arbeitszeit, -ort und -inhalt die Anpassung an sich ändernde betriebliche Situationen und soll, in letzter Konsequenz, der Effizienz und Effektivität dienen. Solche Vorteile für Unternehmen sind betriebswissenschaftlich therleitbar und werden zunehmend untersucht. Bereits 1996 lieferte eine Studie in der U.S. Pharmaindustrie Hinweise dafür, dass die flexible Gestaltung von Arbeitszeiten mit einer betrieblichen Produktivitätssteigerung um bis zu 10 % einhergeht (Shepard et al., 1996). Die Autoren griffen auf Finanzberichtsdaten sowie Umfragedaten untersuchter Unternehmen zurück. Ruostela et al. (2014) fanden, dass die Nutzung von New Work Praktiken sowohl Kostenersparnisse für das Unternehmen als auch eine bessere CO_2-Bilanz mit sich bringen kann, da Personalressourcen wirksamer eingesetzt werden. Desombre, Kelliher, Macfarlane und Ozbiligin (2006) zeigten in einer qualitativen Fallstudie, wie die Flexibilisierung von Arbeitsinhalten und Aufgaben in drei unterschiedlichen Gesundheitseinrichtungen zu Effizienzgewinnen und verbessertem Service führte. Die Folgen für Mitarbeiter waren in dieser Fallstudie jedoch nicht nur positiv: Dem Zugewinn an Vielfalt standen in diesem Beispiel Stress, Intensivierung und Rollenverwirrung gegenüber. Dem wirtschaftlichen Nutzen der Flexibilisierung von Arbeit können also die Bedürfnisse der Mitarbeiter durchaus gegenüberstehen.

Es ist daher unabdingbar, menschliche wie organisationale Bedürfnisse bei der Gestaltung neuer Arbeitsformen explizit zu beachten. Hinzu kommen rechtliche und technische Rahmenbedingungen. In der Organisationsberatung nutzen wir an dieser Stelle häufig den Mensch-Technik-Organisation Ansatz von Ulich (1997) bzw. die MTO-Analyse (Strohm & Ulich, 1997, 1999), um die Flexibilisierung von Arbeit ganzheitlich zu verstehen und zu gestalten. Diesem soziotechnischen Verständnis zufolge findet Arbeit immer in einem technischen und sozialen Teilsystem statt und ist eingebettet in ein organisationales Ganzes. Als Bindeglied zwischen dem menschlichen, technischen und organisationalen Teilsystem fungiert der Arbeitsauftrag bzw. die Arbeitsaufgabe (Primat der Aufgabe). Kann die Aufnahme von Patienten auch zu einer anderen Uhrzeit und von einer anderen Person erfolgen? Kann eine andere Arbeitskraft einspringen, um einen Arbeitsauftrag zu erledigen? Kann die Beratung eines Kunden auch von zu Hause aus erfolgen? Wie viel Flexibilität lassen gesetzliche und organisationale Vereinbarungen zu? Können Teams flexibel auf sich qualitativ und quantitativ ändernde Arbeitsaufträge reagieren? Es gilt also zu verstehen, ob sich Arbeitsaufgaben flexibel gestalten lassen und welchen Beitrag Mensch, Technik und Organisation haben (siehe Abb. 2.2).

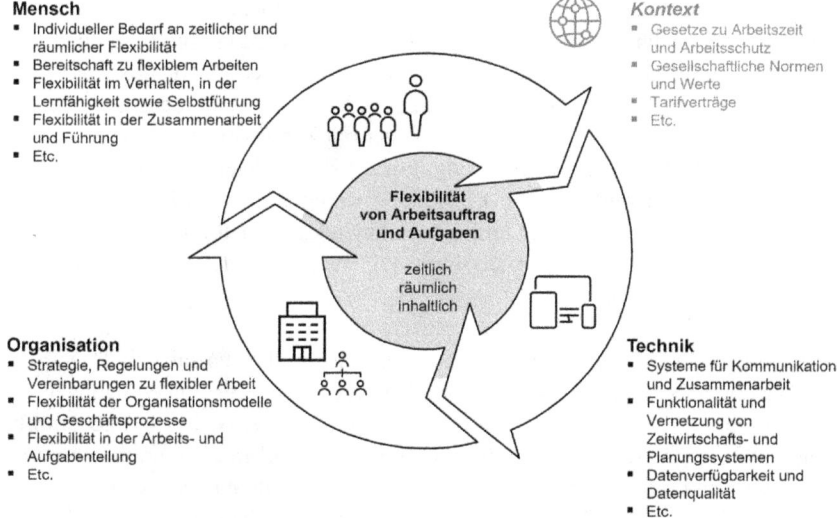

Abb. 2.2 Ein soziotechnischer Ansatz zur Flexibilisierung von Arbeit

Menschliches System Aus Sicht der Mitarbeiter solle die Flexibilität hinsichtlich Arbeitszeit und -ort unter anderem mehr persönliche Möglichkeiten zur flexiblen Vereinbarung von Arbeit, Gesundheit, Freizeit und Familie geben, da dies, wie in Abschn. 2.3 beschrieben, zunehmend eingefordert wird. So wurde beispielsweise in einer Umfrage unter dänischen Haushalten aufgezeigt, dass Flexibilität in der Wahl Arbeitszeit und -ort als förderlich für das eigene Work Engagement wahrgenommen wird (Gerards et al., 2018). Psychologisch betrachtet sei Arbeit unter anderem dann motivierend, wenn die Arbeitenden Vielfalt in der Arbeitsaufgabe sowie Freiheitsgrade hinsichtlich der Erbringung von Arbeit erleben (Hackman & Oldham, 1975, 1976). Können Mitarbeiter nun stärker Einfluss darauf nehmen, wann, wo und ggf. sogar was sie arbeiten, sollte dies die erlebte Selbstwirksamkeit erhöhen und die Regulation persönlicher Bedürfnisse erleichtern. Rump und Eilers (2020, S. 52 f.) weisen aber darauf hin, dass eine geregelte Arbeitszeit vielen Beschäftigten nach wie vor als Orientierungsrahmen für Leistung und Tagesstruktur dient. Fällt die Arbeitszeit als strukturgebendes Element weg bzw. gelten neue Maßstäbe dafür, was als Arbeit wann zu erbringen ist, müssen neue Leitplanken geschaffen werden. Beispielsweise wäre weiterhin auch solche Arbeitszeit zu honorieren, die keine konkreten Ergebnisse erbringt, da sie wichtig für Innovation und Fortschritt sein kann (vgl. Hofmann et al., 2019; Rump & Eilers, 2020).

Technisches System Technologien haben einen erheblichen Beitrag zur Flexibilisierung, denn über sie gelingt es, immer schneller Daten auszutauschen und Informationen zu gewinnen. Die in der Praxis angewandten Personalmanagement-Systeme und Tools werden immer mehr, bilden heute aber häufig nur einen konstanten Personalbedarf ab und glänzen eher mit Zettelwirtschaft als durch Kosteneffizienz und Mitarbeiterorientierung. Positiv zu erwähnen ist jedoch, dass seit der Covid-19 Pandemie Systeme für digitale Kollaboration stärker genutzt werden. Was Betriebe nun darüber hinaus zunehmend erkennen und einfordern sind digital vernetzte Systeme für Arbeitszeitmanagement, Personalbedarfsplanung und Personaleinsatzplanung.

Organisationales System Neben dem technischen und menschlichen Teilsystem bedingen organisationale Strukturen und Prozesse sowie Rahmenbedingungen, zu welchem Grad Arbeit flexibel gestaltet wird. Aus unserer Sicht gibt die Einführung von Vertrauensarbeitszeit, Gleitzeit, Teilzeit, flexiblen Schichtmodellen und vielen anderen Formen daher oft auch Anlass, die Flexibilität in der Aufgaben- und Rollenverteilung in den Geschäftsprozessen sowie in der Steuerung und Aufbauorganisation zu hinterfragen. Oft steckt in der Reduzierung ineffizienter Arbeitszeiten und unnötiger Aufgaben bereits ein Weg, mehr Raum für Flexibilität zu schaffen.

Die Aufgabe besteht also auch darin, individuelle und organisationale Flexibilität in Einklang zu bringen und eine Art Win-Win-Situation für Betrieb und Beschäftigte zu schaffen. Damit dies gelingt, müssen betriebliche und lebensweltliche Realitäten verstanden werden.

Erkenntnisse über kontemporäre Formen flexibler Arbeitsgestaltung

Flexible Arbeitszeitmodelle jenseits der „Nine-to-Five" Arbeitszeit existieren schon lange, verbreiten sich aber erst in den vergangenen Jahren (Bolino et al., 2018). Dies gilt insbesondere in Bereichen, die diese Freiräume zulassen, wie beispielsweise Verwaltung, Management oder Forschung. Die am häufigsten anzutreffenden Formen sind Gleitzeit, Vertrauensarbeitszeit sowie Teilzeit mit oder ohne Job Sharing.

In der Gestaltung flexibler Arbeitsformen ist die Praxis der Theorie unserer Einschätzung nach häufig voraus. Zu zeitgemäßen Praktiken fehlen belastbare Forschungsarbeiten, die allgemeine Rückschlüsse auf die Auswirkungen flexiblen Arbeitens auf Leistung, Gesundheit der Mitarbeiter und unternehmerische Performance zulassen. Hinzu kommt, dass es an einheitlichen Definitionen und Messinstrumenten für flexibles Arbeiten fehlt (Renard et al., 2021). Es gibt aber Überblickswerke und Fallstudien, die als Anhaltspunkte und Inspiration für die Praxis dienen können. Auf dieser Basis gehen wir im Nachfolgenden auf die gängigsten Formate flexibler Arbeitsgestaltung ein. Zuerst werden Gleitzeit, Vertrauensarbeitszeit und Teilzeit adressiert. Anschließend folgen Erkenntnisse zum Thema Flexibilität in der Personaleinsatzplanung. Am Ende des Kapitels gehen wir auf räumlich flexibles Arbeiten ein, um das Bild zu vervollständigen. Fachlich-inhaltliche Flexibilität ist nicht im Fokus dieser Zusammenstellung.

J. H. Jäger-Gammel und M. Knoblauch, *Flexibilisierung von Arbeit und Personaleinsatz*, essentials, https://doi.org/10.1007/978-3-658-44388-7_3

3.1 Gleitzeit und Vertrauensarbeitszeit

Gleitzeit bedeutet, dass Beschäftigte zu einem gewissen Grad selbst entscheiden können, wann sie mit der Arbeit beginnen und wann sie aufhören. Der Grad an Flexibilität wird definiert durch eine Rahmenzeit in Kombination mit einer Kern- oder Servicezeit. Die Rahmenzeit beschreibt den Zeitraum, innerhalb dessen regulär gearbeitet werden darf (z. B. 06:00 Uhr bis 20:00 Uhr). Zur Kern- oder Servicezeit wiederum muss gearbeitet werden bzw. die Erreichbarkeit gewährleistet sein (z. B. 09:00 Uhr bis 16:00 Uhr). Daraus ergibt sich der Gleitzeitrahmen, innerhalb dessen die Mitarbeiter zeitlich flexibel sind. Gesteuert wird Gleitzeitarbeit in der Regel über ein Gleitzeitkonto, anhand dessen sich kontrollieren lässt, ob innerhalb eines bestimmten Betrachtungszeitraums die Beschäftigten die vertraglich definierte Sollzeit ableisten und das Gleitzeitkonto ausgeglichen ist. Idealerweise bilden die definierten Kern-, Service- und Rahmenzeiten betriebliche Erfordernisse ab. In vielen Unternehmen kann es demnach sinnvoll sein, wertschöpfende Tätigkeitszeiträume, die eine Anwesenheit erfordern (beispielsweise Zeiträume mit Kundenkontakt), sowie Zeiträume für vor- und nachgelagerte Tätigkeiten zu hinterfragen und auf dieser Basis ein Set an allgemeinen Gleitzeitmodellen für das Personal zu entwickeln.

Arbeitet eine Person nach Vertrauensarbeitszeit, ist sie selbst für die Einteilung der Arbeit zuständig und steuert eigenmächtig, wann und wie lange sie arbeitet. Damit unterscheidet sie sich von Gleitzeit und rückt die geleisteten Arbeitsergebnisse statt der geleisteten Arbeitszeit in den Vordergrund. Arbeitszeitgesetze gelten zudem auch bei der Vertrauensarbeitszeit; um diese aus Arbeitgebersicht im Blick behalten zu können, braucht es wiederum eine gesetzeskonforme Lösung für die Erfassung von Arbeitszeiten.

Wie wirkt sich aber Gleitzeit bis hin zur Vertrauensarbeitszeit auf das Mitarbeiterwohl und die Leistung aus? Diese flexiblen Arbeitszeitmodelle können positiv auf das Engagement der Mitarbeiter wirken (Weideman & Hofmeyr, 2020) und die Work-Life Balance fördern (Dizaho et al., 2017). Sie können zudem die Arbeitszufriedenheit und, unter bestimmten Umständen, die Produktivität fördern (Bolino et al., 2018). Darüber hinaus fanden Allen et al. (2013) in ihrer Meta-Analyse ein leicht niedrigeres Level an Arbeit-Familie-Konflikten bei Gleitzeitbeschäftigung. Wichtig ist aber immer zu hinterfragen, wie Führungskräfte zu Gleitzeit stehen, denn möglicherweise denken manche nach wie vor, dass Gleitzeit sich negativ auf die Leistung auswirkt (in Anlehnung an Kossek, 1989).

3.2   Teilzeit und komprimierte Arbeitswochen

Das Kernmerkmal von Teilzeit ist, dass vom Arbeitnehmer weniger Sollarbeitsstunden im Vergleich zu einer Vollzeitkraft zu leisten sind. Dabei gibt es keine internationale Konvention, ab welcher Sollstundengrenze von Teilzeit gesprochen wird. Die OECD führt häufig eine Grenze von 30 Wochenarbeitsstunden an, heißt: Arbeitet eine Person weniger als 30 Stunden pro Woche, handelt es sich um Teilzeit (Statistisches Bundesamt, 2024b). Wie die Sollzeit auf die Wochentage verteilt wird, kann dabei stark variieren.

Neben der klassischen Teilzeit gibt es noch weitere Möglichkeiten, die Sollarbeitszeit an individuelle oder betriebliche Bedürfnisse kurz-, mittel- und langfristig anzupassen. Beispielsweise lassen sich die wöchentlich zu leistenden Vollzeitstunden auf weniger Tage verteilen. Diese sogenannte komprimierte Arbeitswoche kann beispielsweise darin bestehen, dass 35 Sollarbeitsstunden auf vier Tage á 8,75 Sollstunden aufgeteilt werden. Hier braucht es dann zusätzliche Mechanismen, um Arbeitszeitgesetze einzuhalten. Für Mitarbeiter kann dies attraktiv sein, da sie ein längeres Wochenende haben. Für Arbeitgeber kann dieses Modell interessant sein, um an üblicherweise auftragsschwachen Tagen weniger Personalkapazität vorzuhalten. Die Möglichkeit, die Arbeit an vier, statt an fünf Tagen zu erledigen, ist beispielsweise in Belgien verbreitet, und auch deutsche Unternehmen wie das Berliner Startup Einhorn setzen auf freie Freitage bei vollem Lohnausgleich (Riesbeck, 2023). Spricht man von einer Reduzierung der Arbeitstage (z. B. einer 4-Tage-Woche), muss immer auch beachtet werden, ob die Sollstunden und das Gehalt ebenso reduziert werden. Wenn ja, handelt es sich in den meisten Fällen um Teilzeitmodelle. Darüber hinaus lassen es nicht alle Geschäftsmodelle zu, ohne weiteres die zu leistende Arbeitszeit auf weniger Tage zu komprimieren oder bei vollem Lohnausgleich die Sollstunden zu reduzieren.

Da es viele unterschiedliche Gestaltungsmöglichkeiten für Teilzeit gibt, kann aus unserer Sicht keine pauschale Aussage über die Auswirkungen auf Mitarbeiter und Unternehmen getroffen werden. Einzelne Studien bieten aber wiederum Hinweise. Die sogenannte Altersteilzeit bzw. eine schrittweise Überführung in den Ruhestand zur Reduzierung der Sollstunden kann beispielsweise positive primäre und sekundäre Effekte auf die Gesundheit mit sich bringen; so werden Depressionen bei Eintritt in den Ruhestand unwahrscheinlicher (Joyce et al., 2010). Dizaho et al. (2017) fassten Studien zum Zusammenhang von Arbeitszeit und Work-Life-Balance zusammen und kamen zum Schluss, dass Teilzeit ebenso wie Gleitzeit hilft, Familie, Freizeit und Arbeit auszubalancieren. Allerdings ist zu beachten, dass immer noch geschlechtsspezifische Stereotype existieren, wie beispielsweise, dass Frauen in Teilzeit keine Karriere machen wollen (Borgkvist et al., 2020). Zudem scheint es möglicherweise negative Folgen für die Karriere zu haben, wenn die Teilzeittätigkeit darauf zurückgeführt wird, dass man sich um die Familie kümmert (Chung & van der Lippe, 2018). Zudem haben van Osch und Schaveling (2018) unter anderem Hinweise darauf gefunden, dass teilzeitarbeitende Männer im Vergleich zu Männern in Vollzeitbeschäftigung hinsichtlich ihrer Karriereentwicklung im Unternehmen im Nachteil sind und dieser Effekt geschlechtsspezifisch ist. Folglich sollten Personalverantwortliche immer darauf achten, die tatsächliche Arbeitsleistung als Kriterium für Personalentscheidungen zu nutzen und Benachteiligungen von denen zu vermeiden, die Gebrauch von alternativen Arbeitszeitmodellen machen.

▶ **Tipps zur Flexibilisierung im Arbeitszeitmanagement**

Vertrauensarbeits- und Gleitzeitmodelle fördern grundsätzlich das Arbeitgeberimage und die Mitarbeiterzufriedenheit. Überlegen Sie, in welchen Bereichen Sie beispielsweise durch eine Optimierung von Rahmen-, Kern- und Servicezeiten Arbeit flexibler gestalten können. Achten Sie insbesondere bei Vertrauensarbeitszeit auf gesetzliche Verpflichtungen zur Arbeitszeiterfassung und schaffen sie Routinen und Regeln, die Ihnen helfen, das Wohlbefinden der Beschäftigten im Blick zu halten.
Achten Sie darauf, dass die Regelungen zur Nutzung von flexiblen Arbeitsmodellen (Teilzeit, Gleitzeit, etc.) für alle Personen gleichermaßen gültig sind und keine Karrierenachteile entstehen.
Nutzen Sie Teilzeit- bzw. Altersteilzeitmodelle, um Ihrem erfahrenen Personal weiterhin Möglichkeiten zur Einbringung der eigenen Expertise zu bieten.

3.3   Flexible Schichtarbeit

Der Bedarf an Flexibilität in der Schichtplanung steigt, auch wenn die Schichtplanung eigentlich dafür gedacht ist, der Organisation wie auch dem Individuum gewisse Planungssicherheit zu geben. Schichtarbeit wird in der Literatur definiert als eine Arbeitszeitgestaltung, in der mehrere Arbeitskräfte in Abfolge auf einem Arbeitsplatz tätig sind, um diesen über die Arbeitszeiten der einzelnen Personen hinaus zu besetzen. Sie ist dabei eine global verbreitete Form der Arbeitszeitorganisation (Lee et al., 2007, S. 96). Grundsätzlich ist es von der Branche abhängig, ob Schichtarbeit zum Einsatz kommt. Möglicherweise wird sich aber aufgrund der eingangs erwähnten gesellschaftlichen Trends der Gesamtanteil von Schichtarbeit unter den Beschäftigten etwas verändern: 2019 waren es rund 15,6 % der 15–64 jährigen Beschäftigten in Deutschland, die in Schichtarbeit arbeiteten, 2021 dann 14,6 % (Eurostat, 2023).

Schichtarbeit ist nicht dafür bekannt, besonders gesundheitsförderlich zu sein. Sie ist häufig mit Wochenend- und Nachtarbeit verbunden, insbesondere in vollkontinuierlichen 3-Schicht-Systemen als auch in 2-Schicht Systemen mit langen 12-stündigen Schichten (Lee et al., 2007). Es scheinen insbesondere die diskontinuierlichen Schichten und häufige Nachtschichten zu sein, die multiple Probleme verursachen (Bolino et al., 2018). Bernstrøm und Houkes (2020) zeigten beispielsweise in einer Längsschnittstudie mit über 14.000 Beschäftigten eines großen norwegischen Klinikums, dass in Zwei- und Drei-Schicht-Systemen sowie in festen Nachtschichten schon kurzfristig höhere krankheitsbedingte Ausfälle zu finden sind als in festen Tagschichten. Interessant ist, dass Alter, Geschlecht und Elternstatus in dieser Studie nur bedingt einen Einfluss darauf hatten, wie stark die Effekte auftraten. Zahlreiche Studien haben zudem aufgezeigt, mit welchen somatischen Risiken Schichtarbeit verbunden sein kann, beispielsweise Schlafstörungen, Krebs, Diabetes, Bluthochdruck und anderen kardiovaskulären Erkrankungen (für einen Überblick et al., 2016; Rivera et al., 2020). Rivera et al. (2020) fanden insbesondere für Brustkrebs und Schlaganfälle einen moderaten Zusammenhang mit Schichtarbeit und langen Arbeitszeiten, was sie dazu veranlasst, entsprechende Aufklärungsmaßnahmen und Screenings für Schichtpersonal zu diesen Krankheitsbildern als Prävention zu empfehlen.

Darüber hinaus haben Zhao et al. (2019) in einem systematischen Review negative Effekte von Schichtarbeit auf die mentale Gesundheit aufgezeigt, wobei sowohl das Geschlecht, der Zeitverlauf und die Form der Schichtarbeit Einfluss auf die Effekte hatten. So zeigt sich, dass Nachtschichten möglicherweise erst langfristig oder in Elternschaft die psychische Gesundheit beeinträchtigen. Irreguläre Schichten scheinen sich auch negativ auf die psychische Gesundheit auszuwirken, da sowohl der biologische Rhythmus als auch der soziale Alltag durch sie stärker beeinträchtigt werden (Zhao et al., 2019). Mit ungeplanten Schichten, beispielsweise dem Einspringen für Kollegen, werden zwar kurzfristige Bedarfe abgefangen, jedoch können sie belastend sein oder als ungerecht empfunden werden. In einer Auswertung in den USA zeigte sich zudem ein strukturelles Problem, an dem gearbeitet werden muss: Die Personen mit niedrigeren Löhnen sind meistens diejenigen, die die meisten irregulären Schichten antreten (Golden, 2015).

Aufgrund der potenziellen Gesundheitsrisiken für Beschäftigte müssen Arbeitgeber verstehen, wie sie Schichtarbeit möglichst gesund gestalten können, um Belastungen für die Mitarbeiter und resultierende krankheitsbedingte Fehlzeiten zu verhindern. Ob und welche Effekte Schichtarbeit auf die Person hat, hängt von ihrer Gestaltung und dem Mitarbeiter ab. Piszczek und Pimputkar (2020) untersuchten 3.623 Datensätze aus Deutschland aus den Jahren 2013 bis 2017 und zeigten, dass eine flexible Form der Personaleinsatzplanung unter älteren Angestellten mit reduzierten Krankheitstagen und erhöhtem subjektivem Gesundheitserleben und über alle Altersgruppen mit einem erhöhten Commitment und Engagement einhergeht; die Anzahl an Work-Family-Konflikten war aber nur in der Gruppe von Angestellten mittleren Alters reduziert. Flexibilisierung in der Schichtplanung ist damit weiterhin ein Balanceakt zwischen den Bedürfnissen von Mensch und Organisation. Für manche Betriebe kann es sich lohnen die Frage zu stellen, ob klassische Schichtarbeit immer noch betrieblich erforderlich und zeitgemäß ist. Falls ja, sollten in die Schichtplanung unterschiedliche Arbeitszeitmodelle für unterschiedliche Lebensphasen integriert werden.

> **Exkurs: Schlaf und Gesundheit im Schichtbetrieb**
> Eine Möglichkeit, die negativen biologischen Effekte von Schichtarbeit zu reduzieren, ist die grundsätzliche Gestaltung der Schichtabfolge. Eine rückwärtsrollierende Schichtabfolge (Nachtschicht folgt Spätschicht folgt Frühschicht) kann unter Umständen die Schlafqualität und gesundheitliche Folgen beeinträchtigen (Shon et al., 2016). Inzwischen empfehlen Institutionen wie die Techniker Krankenkasse daher eine vorwärtsrollierende Schichtplangestaltung (Frühschicht folgt Spätschicht folgt Nachtschicht) statt einer rückwärtsrollierenden, um dem biologischen Rhythmus besser entgegenzukommen (Techniker Krankenkasse, 2020). Darüber hinaus sollten dauerhafte Nachtschichten generell vermieden werden und eher kurze, vereinzelte Nachtschichten eingeplant werden, sofern dies möglich ist. Eltern sollten in den ersten Jahren der Elternschaft aus der regelmäßigen Nachtschicht befreit werden, da dies sonst in einer unverhältnismäßig hohen Doppelbelastung des Schlafs resultieren könnte. Ein weiterer innovativer Ansatz könnte sein, den individuellen biologischen Schlafrhythmus von Beschäftigten zu beachten und entsprechende Schichtmodelle anzubieten.

Welche Maßnahmen nutzen Unternehmen, um sowohl auf individuelle Bedürfnisse des Schichtpersonals als auch auf Personalbedarfe zunehmend flexibler einzugehen? In unseren Projekten entdecken wir zahlreiche Möglichkeiten, wie sich die Personaleinsatzplanung flexibler gestalten lässt. Zu diesen gehören:

• Optimierung der Personalbedarfsermittlung und -planung, Neudefinition der Personalbedarfe
• Anpassung von Schichtplanungszyklen und Schichtmodellen
• Anpassung von Sollarbeitszeiten
• Integration von freiwilligen oder verpflichtenden Zusatzschichten, beispielsweise in Abhängigkeit zu einer wählbaren wöchentlichen oder monatlichen Sollarbeitszeit
• Aufbau von Springer- und Expertenpools mit hoher Querqualifizierung
• Erhöhung von Mitbestimmung und Selbstbestimmung im Planungsprozess (z.B. durch die Möglichkeit, Schichttausche unter Mitarbeitern zu ermöglichen oder Arbeitszeitpräferenzen in die Schichtplanung einfließen zu lassen)
• Förderung von Transparenz über den Personaleinsatz (z. B. sogenannte Gerechtigkeitszähler im Dienstplanprogramm, die anzeigen, wie oft jemand am Wochenende gearbeitet hat)

Ein wesentlicher Gestaltungshebel, insbesondere um den Bedürfnissen der Mitarbeiter nachzukommen und unternehmerisches Denken zu fördern, ist aus unserer Sicht die stärkere Einbindung der Mitarbeiter in die Personaleinsatzplanungsprozesse. Abb. 3.1 stellt Varianten der Mitarbeiterintegration in die Planungsprozesse nach Grad der Flexibilität und Autonomie aufsteigend dar.

Schichtwünsche und Verfügbarkeiten sind in der Praxis durchaus häufiger zu finden. In Kliniken findet man beispielsweise auf vielen Stationen Dienstwunsch-Bücher, in welche die Mitarbeiter der Station eintragen können, wann sie welche Schicht arbeiten möchten oder wann sie gerne Dienst-Frei hätten. Dies kann dann vom Dienstplaner bei der Dienstplanung, die in Kliniken in der Regel in Monatszyklen erfolgt, berücksichtigt werden. Welche Arbeitszeit sich dabei gewünscht werden kann, kann variieren: Vom reinen Wunsch von Frei-Tagen bis hin zum Wunsch einer konkreten Schicht. Die Integration der Wünsche und Auflösung von Wunschkonflikten obliegt dann meistens der Schichtleitung oder der Gruppe als Ganzes. Zudem können individuelle Verfügbarkeiten bereits im Vorfeld definiert werden, beispielsweise wenn klar ist, dass zu bestimmten Wochentagen bestimmte Schichten für eine Person unmöglich zu realisieren sind. Solche Wünsche und Verfügbarkeiten werden zunehmend über Dienstplanungsprogramme mitgeteilt und gesteuert.

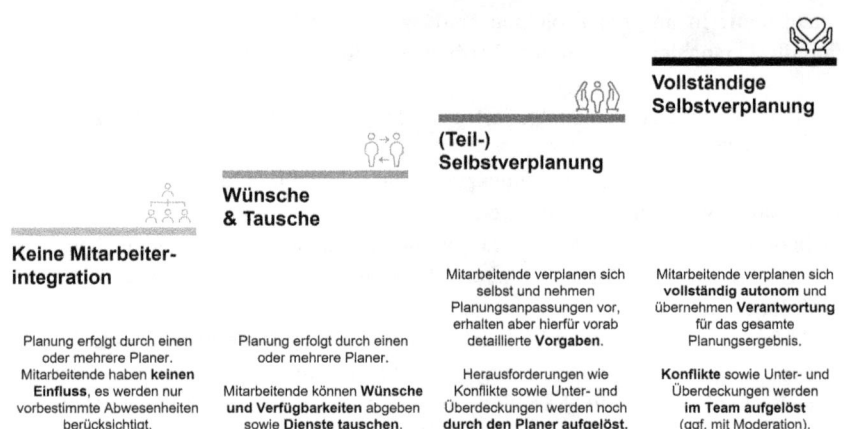

Abb. 3.1 Stufen der Mitarbeiterintegration in die Schichtplanung

Darüber hinaus kann den Mitarbeitern Flexibilität gegeben werden, wenn sie Schichten eigenständig tauschen können. Beim Tausch von Schichten kann zwischen unterschiedlichen Varianten unterschieden werden. Die einfachste Form ist der eins-zu-eins Tausch von Schichten zwischen zwei Mitarbeitern unter Berücksichtigung diverser Regelwerke. Wenn beispielsweise eine Person lieber eine Spätschicht statt einer geplanten Frühschicht arbeiten möchte, um morgens für die Versorgung der Kinder zu Hause zu sein (weil beispielsweise der andere Elternteil kurzfristig ausfällt), kann ein Tausch dieser Schicht mit Kollegen helfen. Komplexere Formen sind Ringtausche zwischen mehreren Kollegen, um individuellen und planerischen Bedürfnissen gerecht zu werden. Manche Softwarelösungen für Personaleinsatzplanung ermöglichen zudem sogenannte Tauschbörsen, bei denen Mitarbeiter Tauschangebote sowie Tauschwünsche einstellen können. Die Software prüft dann auf Arbeitszeitregeln, Qualifikationen und weitere planerische Vorgaben.

Den höchsten Grad an Autonomie lassen eine teilweise oder vollständige „Selbstverplanung" zu, bei dieser die Mitarbeiter selbst verantwortlich sind, den Schicht- bzw. Einsatzplan zu schreiben. Die S-Bahn München hat beispielsweise diesen Schritt gewagt und unter dem Projekt „neue Formen der Zusammenarbeit bei der S-Bahn München" mehr Selbstorganisation in die Schichtplanung gebracht, da dies die Mitarbeiterzufriedenheit erhöhen soll. Die Service-Teams organisieren unter anderem die Arbeitszeiteinteilung sowie die Urlaubs- und Bildungsplanung selbst, wo früher noch eine Führungskraft zuständig war (Deutsche

Bahn, 2022). Üblicherweise läuft eine solche Form teilautonomer Schichtplanung so ab, dass auf Basis von bekannten Abwesenheiten (z. B. Jahresurlaubsplanung, Fortbildungsplanung), Vorgaben zu Abwesenheitsquoten (z. B. 10 %) und Leistungsvorgaben (z. B. erwartete Umsätze, Produktionsvorgaben oder Patientenzahlen) grundsätzliche Vorgaben zur Planung entwickelt werden. Diese Vorgaben können jährlich, quartalsweise oder, bei Bedarf, monatlich entwickelt oder angepasst werden. Die Schichtmannschaft hat dann die Aufgabe, einen leeren Schichtplan so zu befüllen, bis die Vorgaben erfüllt sind. In diesem Zuge werden dann auch individuelle Verfügbarkeiten und Wünsche berücksichtigt.

Wie beeinflusst die Möglichkeit bzw. Pflicht, die Personaleinsatzplanung selbst bzw. im Team zu verantworten, Mitarbeiterzufriedenheit, Gesundheit und Leistung? Joyce et al. (2010) fanden in einer Meta-Analyse heraus, dass sie mit positiven Gesundheitseffekten (z. B. Blutdruck) sowie wahrgenommenen sozialem Support und Zusammenhalt einhergeht. In einer quasiexperimentellen Studie mit Service-Teams eines Dienstleistungsunternehmen wurde gezeigt, dass zeitliche Freiheitsgrade und Autonomie in der Planung für die Beschäftigten positive Effekte auf individuelles Lernen, Zielcommitment sowie geringere Fehlzeitenquote und höhere Qualität der Arbeit haben (Kauffeld et al., 2004). In einem eigenen Projekt konnten wir beobachten, dass die Möglichkeit der eigenständigen Planung positiv von Arbeitnehmern wahrgenommen wird und möglicherweise zu mehr Bewerbungen führt. Der Erfolg dieser Form der Planung hängt aber von der Bereitschaft zur Verantwortungsübernahme sowie der individuellen Bereitschaft, auf organisationale Anforderungen und persönliche Bedürfnisse einzugehen, ab.

▶ **Exkurs: Autonome Schichtplanung in Serviceteams**
Es gibt Unternehmen, die inzwischen Planungs- und Organisationsentscheidungen den Teams selbst überlassen. So hat beispielsweise die Deutsche Bahn bei der S-Bahn München (Deutsche Bahn, 2020) oder auch ein Dienstleistungsunternehmen, dass von Kauffeld et al. (2004) begleitet wurde, die Schichtplanung teilautonomisiert. In der Regel gibt zuerst das Management bestimmte Rahmendaten vor und entwickelt Vorgaben auf Basis von Kennzahlen. Das Team muss dann auf Basis der Vorgaben einen monatlichen oder wöchentlichen Schichtplan schreiben und Konflikte selbst lösen. Hierbei unterstützen aber klar definierte Rollen und Regeln. Auch dürfen die Mitarbeiter selbst kurzfristige Anpassungen am Schichtplan selbst abstimmen und vornehmen. Von diesem hochflexiblen, anspruchsvollen Planungsprozess, welcher Autonomie und Selbstbestimmung

der Mitarbeiter fördern soll, erwartet man sich positive Effekte für Mitarbeiter und die Organisation.

Abschließend sei angemerkt, dass auch Teilzeit in die Schichtplanung integriert werden kann, wenngleich das nicht der konventionellen Sicht auf Schichtplanung entspricht. Individuell vereinbarte Arbeitszeiten erschweren es, die Schichtbedarfe kontinuierlich und regelkonform zu belegen. Jedoch steigt der Anteil an Teilzeitbeschäftigung in der Schichtarbeit (Techniker Krankenkasse, 2020). Ein Ansatz ist, dass sich zwei oder mehrere Teilzeitkräfte einen Schichtarbeitsplatz teilen. So können auch ältere oder beeinträchtigte Kollegen im Schichteinsatz bleiben, wenn eine Vollzeittätigkeit zu belastend wäre.

▶ **Tipps zur flexiblen Gestaltung der Schichtplanung**

1. Beginnen Sie mit der Ermittlung und Definition ihrer Personalbedarfe und analysieren Sie wiederkehrende Muster, um Bedarfe antizipieren zu können.
2. Nutzen Sie Möglichkeiten, Mitarbeiter an Planungsprozessen teilhaben zu lassen. Damit steigt das unternehmerische Verständnis und die Möglichkeit, persönliche Bedürfnisse hinsichtlich Arbeitszeit und -ort einzubringen.
3. Überlegen Sie, wie Sie alternative Arbeitszeitmodelle in die Schichtplanung integrieren können, beispielsweise Teilzeitmodelle. Die Möglichkeit einer Wahl der Sollarbeitszeit gekoppelt an Zusatzschichten schafft ebenso Flexibilität.
4. Erproben Sie Pool-Konzepte und Springersysteme, um untertägige Bedarfsschwankungen abzufedern.

3.4   Zeitliche Flexibilität und Home-Office

Spätestens seit der Covid-19 Pandemie ist das Konzept der mobilen Arbeit, insbesondere der Arbeit aus dem Home-Office, jedermann bekannt. Räumlich und zeitlich flexibles Arbeiten gehen oft miteinander einher, da starre Arbeitszeiten außerhalb der Räumlichkeiten des Unternehmens schwerer zu kontrollieren sind und zudem auch nicht im Sinne des New Work Konzepts wären (vgl. Scherf & Zander, 2021). Die zusätzliche räumliche Flexibilität kann dabei Vorteile haben. Redman et al. (2009) fanden einen positiven Zusammenhang zwischen Home-Office Arbeit und Work-Life Balance, Zufriedenheit, positivem

Affekt und Empowerment. Burnout und Stress hingegen waren bei Home-Office Arbeit niedriger. Jedoch könnte sie auch dazu führen, dass weniger Entwicklungsmöglichkeiten angeboten und genutzt werden und Mitarbeiter sich in der Folge auch weniger vom Arbeitgeber unterstützt fühlen. Je mehr Stunden die Befragten zu Hause gearbeitet haben, umso weniger Entwicklungsmöglichkeiten sahen sie. In dieser Studie zeigte sich auch, dass Home-Office zwar hilft, weniger Familienkonflikte in die Arbeit zu tragen, nicht aber, um Arbeitskonflikte aus dem Familienleben fernzuhalten (Redman et al., 2009). van Steenbergen et al. (2018) fanden in einer anderen Studie Ähnliches heraus und konnten darüber hinaus zeigen, dass bei einer gut vorbereiteten Einführung von Home-Office Regelungen wahrgenommene Stressoren reduziert werden können, jedoch die wahrgenommene Autonomie auch sinken kann, wenn die Home-Office Regelung verpflichtend ist.

Eine weitere Interventionsstudie in einem dänischen Finanzdienstleistungsunternehmen mit über 2.900 Beschäftigten zeigte, dass Mitarbeiter Home-Office Arbeit nutzten und dort auch grundsätzlich länger arbeiteten, die Arbeitsmuster aber gleichblieben, heißt, dass die Arbeit weiterhin meist tagsüber und an Arbeitstagen erledigt wurde. Zudem reduzierte sich die Reisezeit. Interessanterweise fand diese Studie in der Home-Office Gruppe keine Hinweise auf eine veränderte Wahrnehmung der Leistung, psychosozialen Umgebung und Gestaltungsmöglichkeiten im Vergleich zu den Mitarbeitern, die nicht im Home-Office arbeiten konnten. Hingegen zeigte sich ein leichter negativer Effekt auf die Gesundheit. Die Autoren der Studie empfehlen daher, die Gesundheit der Beschäftigten im Blick zu halten und ebenso den sozialen Zusammenhalt zu fördern, beispielsweise durch Präsenztage (Nijp et al., 2016).

Nun stellt sich die Frage, ob Arbeitnehmern räumliche oder zeitliche Flexibilität wichtiger ist. Zu dieser Frage legten Schmoll und Süß (2019) 334 Personen unterschiedliche Szenarien zeitlich und räumlich flexibler Arbeitsgestaltung vor und werteten anschließend aus, wie attraktiv die Befragten die jeweiligen Szenarien fanden. Es zeigte sich, dass sowohl Szenarien mit höherer zeitlicher als auch mit höherer räumlicher Flexibilität als attraktiver wahrgenommen wurden, wobei der zeitlichen Flexibilität die größere Bedeutung zukam. Eine Interaktion der beiden Formen von Flexibilität fanden sie nicht, die positiven Effekte waren additiv. Wir weisen an dieser Stelle wieder auf das soziotechnische Verständnis von flexiblem Arbeiten hin und nehmen an, dass die tatsächlichen Effekte der Flexibilität von zahlreichen Faktoren beeinflusst werden – insbesondere davon, ob sie auch von der Person genutzt werden kann.

Betrachtet man das arbeitende Individuum, bringen die erhöhten Freiheitsgrade bezüglich der Gestaltung von Arbeitszeit und -ort mit sich, dass es sich selbst stärker strukturieren und führen muss. Der Erfolg von Teilzeitarbeit und Home-Office geht daher damit einher, wie Mitarbeiter sich selbst führen (Müller & Niessen, 2019). Selbstführung bedeutet dabei, dass Mitarbeiter Ihr eigenes Verhalten sowie die Gedanken- und Gefühlswelt durch bestimmte Strategien beeinflussen müssen, um motiviert und erfolgreich Ziele zu verfolgen; dies erweist sich generell als förderlich im Berufsleben (für Reviews, siehe Harari et al., 2021; Knotts et al., 2022).

Zeitliche und örtliche Flexibilisierung von Arbeit kann darüber hinaus wichtige Gruppenprozesse beeinflussen. Im Rahmen einer Begleitstudie zu einem New Work Projekt bei einem niederländischen Technologieunternehmen zeigte sich, dass zwar die Mitarbeiter durch die digitale Vernetzung effizienter und effektiver kommunizieren konnten, was sich positiv auf das Engagement auswirkte. Die Vernetzung ging in diesem Fall aber auch mit Erschöpfung, z. B. durch gehäufte Unterbrechungen der Arbeitstätigkeit, einher (ten Brummelhuis et al., 2012). Eine weitere Fallstudie zeigte, dass New Work Maßnahmen zwar in der Belegschaft durchaus positiv wahrgenommen werden, jedoch der Wissensaustausch unter der individuellen Flexibilität leiden kann (Blok et al., 2012). Die Autoren machen hierfür unter anderem eine unzureichende Implementierung der Maßnahmen verantwortlich, betonen aber auch, dass Wissensaustausch schwieriger ist, wenn Mitarbeiter zu unterschiedlichen Zeiten an unterschiedlichen Orten arbeiten. Auch fanden Weideman und Hofmeyr (2020) heraus, dass Mitarbeiter erschwerte Kommunikation befürchten, wenn sie durch flexible Arbeitszeiten nicht zusammentreffen. Es ist daher aus unserer Sicht wichtig, einen Rahmen für informellen Austausch unter Kollegen (z. B. Teamevents) zu schaffen, formelle Zeitfenster für Wissensweitergabe einzurichten (z. B. Schichtübergabe) und die Kommunikation durch klar kommunizierte Regeln zu fördern.

▷   **Tipps zur Gestaltung von mobilem Arbeiten**

1. Klären Sie, wie Home-Office Arbeitsplätze gesetzeskonform auszustatten sind.
2. Schaffen Sie Formate für formalen und informellen Austausch zwischen Kollegen, um Kohäsion und Wissensaustausch aufrecht zu erhalten (z. B. Präsenz-Tage; Team-Konferenzen, klare Kommunikationsregeln).
3. Bereiten Sie Projekte zur Einführung durch intensive Kommunikation und Einbindung der Beteiligten gut vor.
4. Erklären Sie Führungskräften, dass mobiles Arbeiten auf vertrauensbasierter Kommunikation basiert.
5. Fördern Sie Selbstführungskompetenzen in der Belegschaft.

Praktische Hinweise zur Flexibilisierung von Arbeit

4

4.1 Erfolgsfaktoren für die Flexibilisierung von Arbeit

In den vorherigen Kapiteln wurde aufgezeigt, dass es zahlreiche Gründe gibt, mehr Flexibilität hinsichtlich Arbeitszeit und -ort zu schaffen. Doch wie kann das gelingen? Wie geht man vor, wenn man den Auftrag bekommt, mehr Flexibilität in Personalplanung und Arbeitszeit zu schaffen? Wie beginnt man ein New Work Projekt, und wie führt man es zum Ende? Im Nachfolgenden sind Erfolgsfaktoren zusammengestellt, die sich in Studien und in der Praxis als hilfreich erwiesen haben. Abschließend stellen wir einen allgemeinen Prozess vor, wie Sie Projekte zur Flexibilisierung von Arbeit angehen können.

Projekte zur Flexibilisierung von Arbeit erzielen dann nachhaltige Ergebnisse, wenn sie die Anforderungen von Individuen und Gruppen sowie vom technischen und organisationalen Rahmen berücksichtigen. Wie vielschichtig das Thema ist, zeigen die Fragen in Tab. 4.1. Es reicht beispielsweise nicht, ein neues Dienstplanungsprogramm einzuführen, das zwar Funktionen für Schichttausche zwischen Mitarbeitern zulässt, solche Tausche aber weiterhin durch Regelwerke oder Führungskräfte unterbunden werden. Aus diesem Grund stellen wir im nachfolgenden Erfolgsfaktoren aus den unterschiedlichen Perspektiven vor.

4.1.1 Flexibilität des Einzelnen fordern und fördern

Flexibilisierung von Arbeit bedeutet für den Einzelnen häufig eine Veränderung in Sachen persönliche Lebenszeit, Finanzen und Kompetenzen. Wie viel Flexibilität wollen Mitarbeiter? Wie viel Flexibilität können Mitarbeiter? Versteht ein Mitarbeiter auch die betrieblichen Erfordernisse? Entscheidungsträger in Unternehmen

© Der/die Autor(en), exklusiv lizenziert an Springer Fachmedien Wiesbaden GmbH, ein Teil von Springer Nature 2024
J. H. Jäger-Gammel und M. Knoblauch, *Flexibilisierung von Arbeit und Personaleinsatz*, essentials, https://doi.org/10.1007/978-3-658-44388-7_4

Tab. 4.1   Exemplarische Arbeitsfragen für New Work Projekte

Exemplarische Arbeitsfragen für New Work Projekte	
Teilsystem Mensch	• Wie viel Flexibilität hinsichtlich Arbeitszeit, -ort und -inhalt wünschen die Mitarbeiter? Welche Form der Flexibilität ist ihnen wichtiger? • Sind die erforderlichen IT-, Fach-, Sozial- und Selbstkompetenzen für flexibles Arbeiten gegeben (z. B. Self-Leadership, unternehmerisches Denken, EDV-Kompetenzen, betriebliche Qualifikationen)? • Wie viel Flexibilität wird in der Belegschaft aktuell gelebt? Werden vorhandene Freiräume genutzt und wenn nein, warum nicht?
Teilsystem Technik	• Welche Zeitwirtschafts- und Planungsdaten können bereits heute aus den Systemen für Mitarbeiter und Führungskräfte zur Verfügung gestellt werden? • Wie können HR-IT Systeme besser in bestehende IT-Systemlandschaften integriert werden, um Daten zu Personalbedarf, Personaleinsatz sowie Kosten transparent darzustellen? • Können digitale Self-Services helfen, um flexibles Arbeiten für alle attraktiver zu machen (z. B. digitale Workflows)?
Organisationaler Kontext	• Welche Regelwerke verhindern Flexibilität und sollten überarbeitet werden (z. B. alte Betriebsvereinbarungen)? • Wie können Prozesse der Personalbedarfsermittlung, Personalbedarfsplanung, Personaleinsatzplanung sowie Zeitwirtschaft integriert werden? • Wie lassen sich Aufgabenteilung und entsprechende Rollen in den Betriebsprozessen so gestalten, dass mehr Handlungsspielräume für Mitarbeiter und Teams entstehen?

sollten sich diese Fragen offen stellen. Individuelle Wünsche, Bedürfnisse und Einstellungen hinsichtlich Arbeitszeiten, örtlicher Flexibilität und der Arbeitsinhalte können mittels regelmäßiger Befragungen sowie in Entwicklungsgesprächen datenschutzkonform in Erfahrung gebracht und berücksichtigt werden. Aus unserer Sicht braucht es hier einen spürbaren Schulterschluss zwischen Workforce Management und Talent Management.

Besonders wichtig ist zu wissen, ob ein Mitarbeiter über die notwendigen IT-, Fach-, Selbst- und Sozialkompetenzen verfügt, um zeitlich, räumlich und fachlich flexibel eingesetzt werden zu können. In Kap. 2 haben wir bereits darauf verwiesen, dass der Aufbau von Mehrfachqualifikationen sowohl für den einzelnen Mitarbeiter als auch für das Unternehmen attraktiv sein kann – sie schafft individuelles Kompetenzerleben sowie die erforderliche betriebliche Flexibilität, Personalbedarfe über Bereichsgrenzen hinweg zu schließen. Da dies für Unternehmen teuer ist, sollten Kompetenzen hinsichtlich deren Relevanz für Personalplanung und -einsatz definiert und priorisiert werden. Anschließend lässt sich bestimmen, ob und wie viele Mitarbeiter über diese verfügen und wie viele parallel im Einsatz sein müssen, damit auch im Falle von Ausfällen wichtige Arbeitsplätze besetzt sind (für ein Rechenbeispiel, siehe Scherf & Zander, 2021, S. 225 f.). Um den Kompetenzaufbau zu fördern, können Unternehmen mit betrieblichen Vereinbarungen Raum und Zeit für individuelles Lernen schaffen. Individuell und flexibel planbare Lern- und Studienzeiten können dabei helfen, betriebliche Leerlaufzeiten sinnvoll zu nutzen und die persönliche Auseinandersetzung mit neuen Themen zu fördern.

Die digital vernetzte, räumlich und zeitlich flexible Arbeit erfordert insbesondere ein hohes Maß an Selbstführungskompetenz. Diese kann gezielt trainiert werden (Furtner, 2018). Zu Selbstführung gehört beispielsweise, das Handy auszuschalten, wenn man konzentriert arbeiten muss (eine verhaltensorientierte Strategie). Es gehört aber auch dazu, sich selbst positiv zuzusprechen oder sich eine erfolgreiche Zukunft vorzustellen – beispielsweise die Vorfreude auf den Kaffee mit Kollegen, wenn man sich zwischen Home-Office tagen trifft (konstruktive Gedanken). Mitarbeiter sollten auch individuelle Mittel und Wege entwickeln, um die Möglichkeit des flexiblen Arbeitens als persönliche Bereicherung zu erleben (natürliche Belohnungsstrategien).

4.1.2 Flexibilität in der Führungs- und Unternehmenskultur verankern

Neben persönlichen Aspekten hat der soziale Kontext ebenso einen Einfluss darauf, ob die Einführung neuer flexibler Arbeitsweisen gelingt. In vielen Unternehmen gibt es zwar bereits Angebote für flexibles Arbeiten, die jedoch oftmals nicht so genutzt werden, wie sie in ihren Grundsätzen vorgesehen sind. Das ungenutzte Potenzial kann unter anderem von der Sorge um persönliche Karrierenachteile stammen, wenn Mitarbeiter fürchten, als weniger motiviert wahrgenommen zu werden. Soziale Normen und Routinen dürften ebenso eine wichtige Rolle spielen. So spielt der Gedanke, was Kollegen und Vorgesetzte denken könnten, wenn der eigene Arbeitsplatz unbesetzt ist oder man später als die anderen zur Arbeit kommt, eine entscheidende Rolle bei der individuellen Entscheidungsfindung, ob man später mit der Arbeit beginnt oder zu

Hause arbeitet. Entscheidend ist auch, ob Führungskräfte flexible Arbeitsregelungen zulassen; Studien zeigten immer wieder, dass es von der Führungskultur
abhängt, ob Mitarbeiter von flexiblen Arbeitsformen gebraucht machen (z. B.
Blair-Loy & Wharton, 2002; Kelly & Kalev, 2006).

Es kommt also darauf an, eine Unternehmenskultur zu entwickeln, die flexibles Arbeiten fördert. Unternehmenskultur besteht nach dem amerikanischen
Organisationspsychologen Edgar Schein aus den in der Organisation geteilten
grundlegenden Annahmen, die als gültig, funktional und damit als „richtig" gelten und auch neuen Mitgliedern der Organisation vermittelt werden. Erkennbar
sind diese unter anderem in gelebten und ausformulierten Werten, aber auch
in anderen Merkmalen der Organisation wie der Anordnung von Büroräumen
(Schein, 1985). Ist es beispielsweise in Ordnung, wenn sich Mitarbeiter so ein-
teilen lassen, dass sie immer die für den Arbeitgeber teuren Zuschläge erhalten,
auch wenn der Bedarf nicht gegeben ist? Werden Arbeitszeitverstöße von Führungskräften geahndet oder wird die Meinung geteilt, dass jeder für sich selbst
verantwortlich ist? Fördern die Büroräumlichkeiten ein unkompliziertes Kommen
und Gehen? Hier helfen Rollenbilder, Unterstützung, Transparenz und Vertrauen
durch Führung.

Schein (1985) betont, dass Führungskräfte die Aufgabe haben, Unternehmenskultur zu gestalten. In der Führung kann vorgelebt werden, welches Verhalten als
gültig und richtig gilt. Neben dieser Vorbildrolle kommt der Führung aber auch
die besondere Aufgabe zu, die Rahmenbedingungen für flexibles Arbeiten zu
schaffen, persönliche Bedürfnisse Einzelner zu erkennen und zu vertreten sowie
selbst als Vorbild in der Nutzung der Flexibilität voranzuschreiten. Wenn flexible
und digitale Arbeitsformen eingeführt werden, beschäftigen sich Führungskräfte
idealerweise bewusster mit der Kommunikation mit ihren Beschäftigten und pla-
nen Zeit für den Austausch mit den Geführten ein; so können potenzielle negative
Effekte der Flexibilisierung ausbleiben (van Steenbergen et al., 2018) oder sogar
weitere positive Effekte eintreten (Gajendran & Harrison, 2007).

Vertrauen in Führung und Organisation kommt im Rahmen von digitalem
und flexiblem Arbeiten generell ein wichtige Rolle zu (vgl. Jäckel, 2020). Manche Führungskräfte fragen sich, ob die Mitarbeiter Freiräume zum Nachteil der
Organisation ausnutzen würden. Ein einprägsames Beispiel ist die Sorge, dass
Mitarbeiter mobile Zeiterfassung ausnutzen und Arbeitsbeginn bzw. -ende zu
eigenen Gunsten stempeln. Mitarbeiter wiederum fragen sich, wie mit den erfass-
ten Arbeitszeiten umgegangen wird. So fanden auch Weideman und Hofmeyr
(2020), dass sich Mitarbeiter Gedanken um die Fairness bei individuell und flexibel gestaltbaren Arbeitszeiten machen. Daher ist es für Führungskräfte wichtig,

auf Transparenz und Chancengleichheit zu achten und die Spielregeln der flexiblen Arbeit zu kommunizieren. Das Digital Leadership Konzept der ‚Inverse Transparency' (Gierlich-Joas et al., 2020) regt in diesem Kontext auch dazu an, Datenfluss und -verwendung für Mitarbeiter und Führungskräfte umfänglich transparent zu machen. Demnach sollen alle Mitarbeiter, ganz im Sinne der geltenden Datenschutz-Grundverordnung und darüber hinaus, informiert sein, welche zeitwirtschaftlichen Daten über sie gesammelt werden und wie diese verwendet werden. Weiters sollten Mitarbeiter Einfluss darauf nehmen können, ob und wie die Daten verwendet werden. Dies wiederum formt die Basis für erlebte Transparenz und Selbstorganisation (Gierlich-Joas et al., 2020). Wenn jedoch Mitarbeiter dies als unverhältnismäßiges Mittel zur Leistungskontrolle wahrnehmen, könnten die wahrgenommene Fairness sowie das Vertrauen in die Organisation sinken (Alder, 2001).

4.1.3 Strukturen, Prozesse und Regeln flexibilisieren

Flexibles Arbeiten erfordert nicht nur individuelles Handeln und kulturellen Rückhalt, sondern Flexibilität aus dem Organisationsdesign. In Workforce Management Projekten treffen wir häufig auf alte, langjährig gewachsene Zeitwirtschafts- und Personaleinsatzplanungsprozesse, die weder die Mitarbeiter ausreichend einbinden noch kosteneffizient sind. Dahinter stehen oft auch alte Verträge und Regelwerke, an denen Führungskräfte und Mitarbeitervertretung festhalten. Flexibilität gewinnt man dann durch das Design neuer Prozesse, die weniger abhängig von Einzelpersonen sind, mittel- wie kurzfristige Änderungen zulassen aber auch jederzeit hinsichtlich deren Kosten und Wirksamkeit geprüft werden können. Die in Kap. 3 dargestellten Möglichkeiten zur Mitarbeiterintegration in die Zeitwirtschaft und Personaleinsatzplanung sind beispielhafte Ansätze, um Flexibilität zu erhöhen.

Neben der Neuformulierung von Prozessen sollten auch weitere Rahmenbedingungen wie das Arbeitsplatzdesign geprüft und nach Bedarf angepasst werden. Wenn die Rahmenbedingungen keine Flexibilität zulassen, hilft das ambitionierteste New Work Projekt nichts. So mussten wir schon in mehreren Projekten kurzerhand PC-Systeme anfordern, um den Mitarbeitern überhaupt erst einmal Zugang zu den erforderlichen Self-Services für Zeitwirtschaft und Dienstplanung zu geben, damit sie dann unabhängig von Führungskräften auf flexible Besetzungspläne und Ähnliches zugreifen können. Rapal, ein finnisches Dienstleistungsunternehmen, führte vor der Einführung von New Work Regelungen Interviews im Unternehmen, um herauszufinden, welche Mitarbeiter welche technischen und organisationalen Anforderungen an die flexible Arbeitsplatzge-staltung haben; diese wurden dann gruppiert in mobil, flexibel oder stationär arbeitendes Personal und entsprechend ausgestattet (Ruostela, 2014). Die grund-sätzliche Umstrukturierung von Arbeitsplatzstrukturen, wie beispielsweise der Wechsel zu Desk-Sharing, kann dann ebenso alte Verhaltensmuster, wie das Festhalten an bestimmten Arbeitsplätzen, durchbrechen und damit zu einer konsequenteren Nutzung der Flexibilität führen (vgl. Gonsalves, 2020).

Bei der Neugestaltung gilt es, in Business Cases zu denken und das beste Kosten-Nutzen Verhältnis zu entwickeln. Ein Beispiel: Eine Vielzahl an mitar-beiterspezifischen Arbeitszeitmodellen sprechen zwar für Mitarbeiterorientierung, können aber in der Administration später viel kosten, da diese Arbeitszeitmodelle in entsprechenden Personalmanagementsystemen gegebenenfalls zu pflegen und zu synchronisieren sind. Die Auflösung in diesem Beispiel kann darin beste-hen, ein generisches Set an Arbeitszeitmodellen so zu designen, dass sie für die meisten Beschäftigten die richtigen Rahmenbedingungen beinhalten (Sollar-beitszeiten, Kernarbeitszeiten, etc.). Neue Regelungen zur Wahl von Arbeitszeit und -ort können dann wiederum durch Regelwerke betrieblich verankert und von neuen Rollen durchgesetzt werden. Am Ende kommt es also darauf an, ein stim-miges Set an Prozessen, Rollen, Regeln und Services zu entwickeln, um die gewünschten Effekte von New Work Maßnahmen zu erzielen (vgl. Renard et al., 2021).

4.1.4 Digitalisierung als Sprungbrett für New Work nutzen

Moderne Systeme für Personal- und Workforce Management ermöglichen das einfache Erfassen und Bewerten individueller Arbeits- und Pausenzeiten und bieten Funktionen für die Integration von Mitarbeitern sowie eine Algorithmen-unterstützte Schichtplanung. Darüber hinaus können über moderne Schnittstellen-technologien die Systeme so vernetzt werden, dass Personalbedarfsdaten in die Schichtplanung fließen und Arbeitszeitdaten stundengenau bewertet zur Lohn-und Gehaltsabrechnung übergeben werden. Solche Technologien fördern Effizi-enz und Produktivität. In einer Fallstudie mit zwei Abteilungen eines europäi-schen Unternehmens der Informations- und Kommunikationstechnologie konnte beispielsweise gezeigt werden, dass nach Einführung eines Workforce Manage-ment Systems für die Bedarfsplanung die Produktivität in den Abteilungen gestiegen ist (Calabrese et al., 2013).

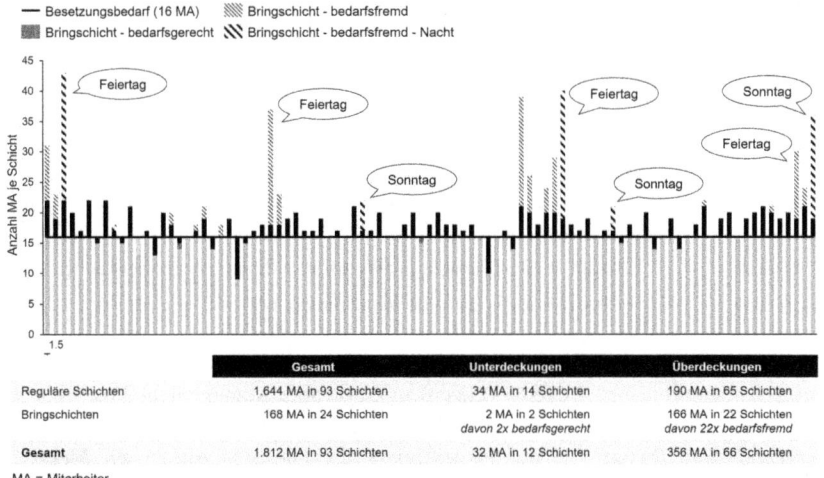

	Gesamt	Unterdeckungen	Überdeckungen
Reguläre Schichten	1.644 MA in 93 Schichten	34 MA in 14 Schichten	190 MA in 65 Schichten
Bringschichten	168 MA in 24 Schichten	2 MA in 2 Schichten *davon 2x bedarfsgerecht*	166 MA in 22 Schichten *davon 22x bedarfsfremd*
Gesamt	1.812 MA in 93 Schichten	32 MA in 12 Schichten	356 MA in 66 Schichten

MA = Mitarbeiter.

Abb. 4.1 Exemplarische Analyse der Personalbedarfsdeckung

Sind Workforce Management Daten erst einmal digital verfügbar, sollten sie regelmäßig zusammengeführt und für Analysen genutzt werden. Abb. 4.1 zeigt ein einfaches Analysebeispiel zur Frage, ob der Personaleinsatz in einem Schichtbetrieb mit klassischen Früh-, Spät- und Nachtschichten sowie zusätzlichen Bringschichten bedarfsgerecht erfolgt oder ob der Personaleinsatz nicht zum tatsächlichen Bedarf passt. Mithilfe dieser Analyse konnte aufgezeigt werden, dass zusätzliche Bringschichten, die Mitarbeiter einbringen können, zu einem erheblichen Anteil bedarfsfremd genutzt wurden. Die Belegschaft nutze die Einbringschichten nicht, um Personalbedarfslücken zu schließen, sondern um zusätzliche Zuschläge durch Wochenend- und Feiertagsarbeit zu erhalten. Anhand von solchen Statistiken und Analysen lassen sich Flexibilisierungskonzepte verbessern und ebenso Maßnahmen auf sozialer organisationaler Ebene definieren.

4.2   Vorgehen in Projekten zur Flexibilisierung

Abschließend möchten wir darauf eingehen, welche Schritte erforderlich sind, um flexiblere Arbeitsformen nachhaltig in der Organisation zu etablieren. Die 5-Step-Workforce Methode von McGrath (2021) bietet einen guten Anhaltspunkt,

Tab. 4.2 Die 5-Step Workforce Methode nach McGrath (2021)

Schritt	Aufgabe
1. Align	Strategie, Nutzen, Ziele und Business Case des Workforce Management formulieren
2. Prepare	Anforderungen an das Workforce Management klären, Maßnahmen operationalisieren und schulen
3. Implement	Neue Workforce Management Instrumente entwickeln, testen, einführen und anpassen
4. Track	Wirksamkeit und Risiken im Workforce Management überwachen
5. Measure	Wertbeitrag des Workforce Management regelmäßig evaluieren

um den idealtypischen Lebenszyklus von Workforce Management Projekten zu skizzieren. Er umfasst fünf wesentliche Schritte; welcher davon aktuell im Vordergrund steht, hängt von der Projektphase ab. Diese Schritte nach McGrath (2021) sind in Tab. 4.2 dargestellt.

Ähnlich dazu haben auch Knoblauch et al. (2022) auf Basis einer qualitativen Expertenbefragung Arbeitspakete für erfolgreiche Workforce Management Projekte formuliert. Den Erkenntnissen zufolge sollte ein Workforce Management Projekt damit begonnen werden, zu analysieren, welche ungenutzten Flexibilisierungspotenziale im Workforce Management existieren. Dies dient als Basis für die Formulierung einer Strategie und eines ganzheitlichen Workforce Management Konzepts zur Flexibilisierung, das sowohl soziale, technische als auch organisationale und prozessuale Maßnahmen umfassen kann. Es folgt dann eine Projektentwicklungsphase, in der herausgearbeitet wird, wie, mit wem, wann und mit welchen Mitteln die Maßnahmen umgesetzt werden können. Hierzu gehört in der Regel auch die Formulierung von neuen Regelwerken und Vereinbarungen zu flexibler Arbeitszeit bzw. Schichtplanung, aber auch das Einführen neuer technischer Lösungen. Die Implementierung identifizierter Maßnahmen kann dann stufenweise erfolgen und sollte mit einem Pilotprojekt starten. Wichtig ist auch, dass regelmäßige Check-Ups und Nutzenanalysen etabliert werden, um den Mehrwert fortlaufend hochzuhalten. 95 % der befragten 17 Experten aus dem Workforce Management Projektumfeld gaben zudem an, dass begleitendes Change Management entscheidend für den Projekterfolg sei (Knoblauch et al., 2017).

In Bezug auf Flexibilisierungsmaßnahmen am Arbeitsplatz arbeiteten Weideman und Hofmeyr (2020) heraus, dass in einem ersten Schritt die Möglichkeiten für flexibles Arbeiten definiert und kommuniziert werden sollten, um Barrieren und falsche Glaubenssätze abzubauen. Dazu gehört auch, transparente Regelungen zu formulieren und deren Auslebung zu fordern und zu fördern. Anschließend folgt der Buy-in und die Gewinnung von Führungskräften als Rollenmodelle und Promotoren. Dann kann die Umwelt gestaltet werden, indem Technologien und Prozesse so implementiert werden, dass sie die Zielerreichung der Flexibilisierungsmaßnahmen und die erforderliche Unternehmenskultur fördern.

Führt man diese eben vorgestellten Ansätze mit dem in Abschn. 2.4 vorgestellten soziotechnischen Ansatz für die Flexibilisierung von Arbeit zusammen, ergibt sich das in Abb. 4.2 dargestellte Vorgehensmodell.

Analyse Es gilt zuerst zu verstehen, welche Bedürfnisse und Erfordernisse zur flexiblen Gestaltung von Arbeit auf Arbeitnehmer- und Arbeitgeberseite bestehen und welcher Rahmen die Handlungsoptionen begrenzt. Ausgangspunkt ist daher stets die Analyse bestehender sozialer, technischer und organisationaler Strukturen und Prozesse. Arbeitszeitliche Bedürfnisse sowie vorherrschende Glaubenssätze und Verhaltensweisen in der Belegschaft können beispielsweise durch regelmäßige Mitarbeiterbefragungen erfasst werden. Es ist darauf zu achten, sowohl die Ebene

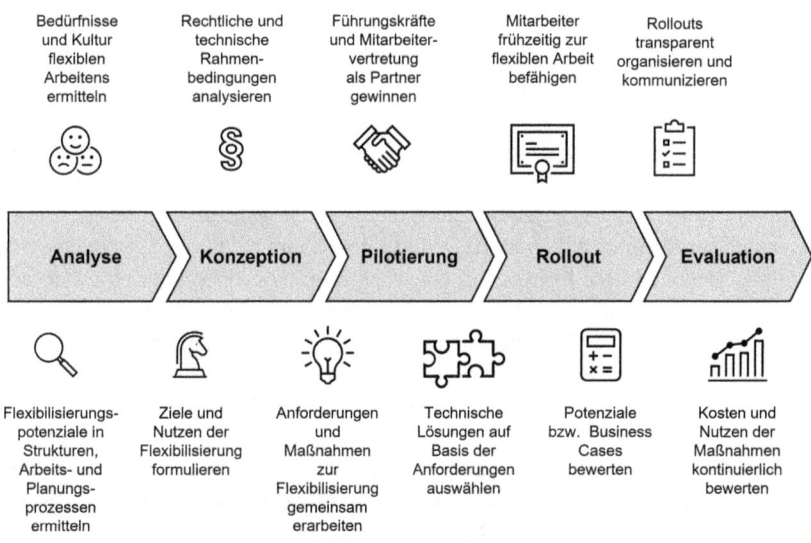

Abb. 4.2 Idealtypischer Prozess für New Work Projekte

des einzelnen Individuums (z. B. der persönliche Wunsch nach Flexibilität zur Vereinbarung von Beruf und Familie) als auch die Ebene von Teams und Netzwerken
(z. B. das gegenseitige Vertrauen, dass andere Bereiche Aufgaben übernehmen
würden) zu berücksichtigen. Prozess- und Tätigkeitsanalysen sind zudem geeig-
nete Mittel um herauszufinden, in welchen Arbeitsabläufen und Planungsprozessen
Potenziale für Flexibilisierung verborgen sind. Beispielsweise können Analysen von
Geschäftszeiten helfen, valide Gleitzeitregelungen zu formulieren. Hinzu kommt,
dass der rechtliche und betriebliche Kontext ebenso wie die vorhandenen technischen Rahmenbedingungen verstanden werden müssen. Idealerweise werden
IT-Systemlandschaften analysiert und kritische Schnittstellen sowie Systeme für
ein flexibleres Zielbild identifiziert.

Konzeption Auf Basis der fundierten Analyse können dann Ansätze zur Flexibilisierung diskutiert und identifiziert werden. Wichtig ist, Konsequenzen und Nutzen
für alle Zielbereiche aufzudecken und anhand von User Stories kritisch zu hinterfragen. Würden Mitarbeiter wirklich von einer Wahlarbeitszeit von 33 Stunden
profitieren und mehr Freizeit haben, oder ist aufgrund der Aufgabenlast und -
verteilung zu erwarten, dass die Überstundenkonten „volllaufen"? Was wird ein
flexibleres Ausfallmanagementkonzept dem Arbeitgeber kosten? Um diese Fragen
zu klären und das richtige Maß an Flexibilität zu schaffen, sollten Führungskräfte
und Mitarbeiter früh in die Ausgestaltung solcher Ansätze eingebunden werden, um
die Validität zu erhöhen und die Legitimation zu schaffen.

Pilotierung Wir empfehlen, neue Regelungen zu Arbeitszeit und -ort, sofern möglich, immer erst in einem zeitlich und räumlich begrenzen Rahmen zu erproben.
Nicht alle Teile einer Organisation haben die gleichen Anforderungen und Voraus-
setzungen für flexibles Arbeiten. Ein Pilotprojekt bietet die Chance, Konzepte und
Vereinbarungen zeitlich begrenzt in einem repräsentativen Bereich zu testen und
anschließend nochmal anzupassen. Auch entsprechende Betriebsvereinbarungen
können auf Zeit formuliert werden und auf Basis der Erfahrungen aus einer Pilo-
tierungsphase nochmal gemeinsam überdacht und angepasst werden. Entsprechend
sind aber bereits in der Pilotierung Feedback-Zyklen und Evaluationen wichtig.

Rollout In der Rolloutphase kommt es darauf an, gut vorbereitet auf die jeweiligen Zielbereiche zuzugehen und rechtzeitig für Transparenz zu Hintergrund,
Zweck und Vorgehen der Flexibilisierungsmaßnahme zu sorgen, um die wahrgenommene Gerechtigkeit hinsichtlich des Vorgehens (prozedurale Gerechtigkeit) und
der Ergebnisse (distributive Gerechtigkeit) zu fördern. Chancengleichheit bei der
Nutzung flexibler Arbeitsmodelle sollte dabei von Anfang an mitgedacht werden.

Ob eine Maßnahme für alle Beschäftigten zu einem Zeitpunkt oder in mehreren Rolloutwellen eingeführt wird, hängt von der Komplexität der Maßnahme und den zur Verfügung stehenden Ressourcen ab.

Evaluation Besonders wichtig ist, regelmäßig zu überprüfen, ob die eingeräumte Flexibilität zu qualitativen und quantitativen Verbesserungen für Mitarbeiter und den Betrieb führt. Hierfür sollten bereits zu Beginn des Projekts Zielgrößen definiert werden, die durch die Flexibilisierung beeinflusst werden sollen. In diesem Buch finden sich einige Beispiele, welche positiven Effekte durch Flexibilisierungsmaßnahmen eintreten sollten, beispielsweise eine erhöhte Mitarbeiterzufriedenheit, erhöhte Kundenzufriedenheit und eine verbessere Deckung des Personalbedarfs. Zur Erfolgsmessung bieten sich validierte psychometrische Skalen sowie betriebswirtschaftliche Kennzahlen an.

Zusammenfassung 5

Die Flexibilisierung der Arbeit wird in den nächsten Jahren weiter voranschreiten und auch Bereiche erreichen, die bisher kaum Chancen zur Flexibilisierung genutzt haben. Grund sind dafür technologische Fortschritte (z. B. KI), gesellschaftliche Forderungen (z. B. Work-Life-Balance) und betriebliche Erfordernisse (z. B. zunehmendes ‚Chaos'). Ob Unternehmen die richtige Balance zwischen einer arbeitnehmerorientierten und einer arbeitgeberorientierten Flexibilisierung finden, hängt von der Leidenschaft und Ganzheitlichkeit ab, mit der entsprechende Workforce Management Projekte entwickelt und umgesetzt werden. Hierfür möchten wir abschließend nochmal zusammenfassen, worauf es zu achten gilt.

Was Sie aus diesem *essential* mitnehmen können

- Es gibt zahlreiche Treiber, die die Flexibilisierung der Arbeitswelt beeinflussen. Zu den wichtigsten gehören die Vernetzung, Digitalisierung und Automatisierung von Prozessen und Unternehmen, eine Veränderung der Bevölkerungsstruktur sowie neue gesellschaftliche Normen, welche Individualität und Gesundheit von Arbeitnehmern betonen.
- Zeitliche und räumliche Flexibilität in der Erbringung der Arbeitsleistung bringen zahlreiche Vorteile und Herausforderungen für Mitarbeiter und Unternehmen mit sich. Welche Formate die richtigen sind, muss unternehmens- bzw. mitarbeiterspezifisch ermittelt werden.
- Vertrauensarbeitszeit, Gleitzeit, Teilzeit sowie auch neue Schichtplanungsmodelle helfen, an Flexibilität zu gewinnen, erfordern aber mehr Selbstführung, Unternehmergeist und Flexibilität im Verhalten.

J. H. Jäger-Gammel und M. Knoblauch, *Flexibilisierung von Arbeit und Personaleinsatz*, essentials, https://doi.org/10.1007/978-3-658-44388-7_5

41

- Auch in der Schichtplanung gibt es heute Möglichkeiten, mehr Flexibilität für Mitarbeiter und Unternehmen zu schaffen. Progressive Konzepte wie eine schrittweise Erhöhung der Verantwortung in der Gruppe sowie die Kombination von zeitwirtschaftlichen Steuerungsinstrumenten mit der Personaleinsatzplanung helfen dabei.
- Der Erfolg von Flexibilisierungsmaßnahmen hängt vor allem davon ab, wie gut die Bedürfnisse der betroffenen Individuen und Gruppen sowie der Gesamtorganisation inklusive seiner technologischen Rahmenbedingungen berücksichtigt und ausbalanciert werden. Digitalisierung kann dabei als Katalysator wirken.

Literatur

Alder, G. S. (2001). Employee reactions to electronic performance monitoring: A consequence of organizational culture. *The Journal of High Technology Management Research, 12*(2), 323–342. https://doi.org/10.1016/S1047-8310(01)00042-6.

Allen, T. D., Johnson, R. C., Kiburz, K. M., & Shockley, K. M. (2013). Work-family conflict and flexible work arrangements: deconstructing flexibility. *Personnel Psychology, 66,* 345–376. https://doi.org/10.1111/peps.12012.

Atkinson, J. (1984). Manpower strategies for flexible organizations. *People Management, 16,* 32–35.

ATOSS Software AG. (2018). Best Practices – Willkommen in der Schokoladenwelt. ATOSS Geschäftsbericht 2018. https://weblounge.atoss.com/de-de/investor-relations/berichte-und-publikationen. Zugegriffen: 30. Jan. 2024.

ATOSS Software AG. (2022). Best Practices Produktion – Flexible Personalprozesse, transparente Schichtplanung. https://www.atoss.com/de/downloads/best-of/produktion. Zugegriffen: 30. Jan. 2024.

Bergmann, F. (2004). *Neue Arbeit, Neue Kultur.* Freiburg.

Blair-Loy, M., & Wharton, A. S. (2002). Employees' use of work-family policies and the workplace social context. *Social Forces, 80*(3), 813–845. https://doi.org/10.1353/sof.2002.0002.

Blok, M. M., Groenesteijn, L., Schelvis, R., & Vink, P. (2012). New Ways of working: Does flexibility in time and location of work change work behavior and affect business outcomes?. *Work (Reading, Mass.), 41*(Suppl 1), 2605–2610. https://doi.org/10.3233/WOR-2012-1028-2605.

Borgkvist, A., Moore, M., Crabb, S., & Eliott, J. (2021). Critical considerations of workplace flexibility "for all" and gendered outcomes: Men being flexible about their flexibility. *Gender, Work & Organization, 28*(6), 2076–2090. https://doi.org/10.1111/gwao.12680.

Bundeszentrale für politische Bildung. (2020). Voll- und Teilzeitbeschäftigte. https://www.bpb.de/kurz-knapp/zahlen-und-fakten/soziale-situation-in-deutschland/61705/voll-und-teilzeitbeschaeftigte/. Zugegriffen: 10. Jan. 2024.

Calabrese, A., Capece, G., Costa, R., Di Pillo, F., & Paglia, D. (2013). The impact of workforce management systems on productivity and quality: A case study in the information and communication technology service industry. *Knowledge and Process Management, 20,* 177–184. https://doi.org/10.1002/kpm.1417.

Carasco-Saul, M., Kim, W., & Kim, T. (2015). Leadership and employee engagement: proposing research agendas through a review of literature. *Human Resource Development Review, 14*(1), 38–63. https://doi.org/10.1177/1534484314560406.

Cassens-Röhrig, G. (2015). Workforce Management: Das richtige Werkzeug zur Realisierung von flexiblen Arbeitszeitmodellen. *Zeitschrift für Arbeitswissenschaft, 69*(1), 49–52. https://doi.org/10.1007/BF03373937.

Desombre, T. C., Kelliher, F., Macfarlane, F., & Ozbiligin, M. (2006). Re-organizing work roles in health care: Evidence from the implementation of functional flexibility. *British Journal of Management, 17*, 139–151. https://doi.org/10.1111/j.1467-8551.2005.004 73.x.

Deutsche Bahn AG. (2022). Flexibler für euch unterwegs: Die selbstorganisierten Serviceteams der S-Bahn (SOTIS). https://www.s-bahn-muenchen-magazin.de/selbstorganisie rte-serviceteams. Zugegriffen: 30. Jan. 2024.

Dizaho, E. K., Salleh, R., & Abdullah, A. (2017). Achieving work life balance through flexible work schedules and arrangements. *Global Business and Management Research, 9*(1s), 455–465.

Europäische Union. (2019). Richtlinie (EU) 2019/1158 des Europäischen Parlaments und des Rates vom 20. Juni 2019 zur Vereinbarkeit von Beruf und Privatleben für Eltern und pflegende Angehörige und zur Aufhebung der Richtlinie 2010/18/EU. *Amtsblatt der Europäischen Union*, L 188/79. http://data.europa.eu/eli/dir/2019/1158/oj. Zugegriffen: 11. Jan. 2024).

Eurostat. (2023). Arbeitnehmer, die Schichtarbeit leisten, als Prozentsatz aller Arbeitnehmer, nach Geschlecht und Alter (%). https://doi.org/10.2908/lfsa_ewpshi Zugegriffen: 30. Jan. 2024.

Furtner, M. (2018). Self-leadership-training und entwicklung. In M. Furtner (Hrsg.), *Self-leadership*. Springer. https://doi.org/10.1007/978-3-658-20053-4_1.

Gajendran, R. S., & Harrison, D. A. (2007). The good, the bad, and the unknown about telecommuting: Meta-analysis of psychological mediators and individual consequences. *Journal of Applied Psychology, 92*(6), 1524–1541. https://doi.org/10.1037/0021-9010.92. 6.1524.

Gerards, R., de Grip, A., & Baudewijns, C. (2018). Do new ways of working increase work engagement? *Personnel Review, 47*(2), 517–534. https://doi.org/10.1108/PR-02-2017-0050.

Gierlich-Joas, M., Hess, T., & Neuburger, R. (2020). More self-organization, more control—or even both? Inverse transparency as a digital leadership concept. *Business Research, 13*, 921–947. https://doi.org/10.1007/s40685-020-00130-0.

Gillmann, N., Maas, A., & Weyh, A. (2023). Berufliche Mobilität vor und während der Corona-Pandemie. *Ifo Dresden berichtet, 30*(1), 03–10. Ifo Institut.

Golden, L. (2015). Irregular work scheduling and its consequences (Briefing Paper #394). https://www.epi.org/publication/irregular-work-scheduling-and-its-consequen ces/. Zugegriffen: 27. Jan. 2024.

Gonsalves, L. (2020). From face time to flex time: the role of physical space in worker temporal flexibility. *Administrative Science Quarterly, 65*(4), 1058–1091. https://doi.org/10. 1177/0001839220907891.

Hackman, J. R., & Oldham, G. R. (1976). Motivation through the design of work: Test of a theory. *Organizational Behaviour and Human Performance, 16*, 250–279. https://doi.org/10.1016/0030-5073(76)90016-7.

Hackman, J. R., & Oldham, G. R. (1975). Development of the job diagnostic survey. *Journal of Applied Psychology, 60*(2), 159–170. https://doi.org/10.1037/h0076546.

Hays. (2016). Der Ruf nach Freiheit: Innovationsförderliche Arbeitswelten aus Sicht der Arbeitenden. https://www.gfwm.de/wp-content/uploads/2016/09/Studie-Freiheit-Sic herheit_pub-web.pdf. Zugegriffen: 27. Jan. 2024.

Hays. (2017). HR-Report 2017: Schwerpunkt Kompetenzen für eine digitale Welt – Eine empirische Studie des Instituts für Beschäftigung und Employability IBE im Auftrag von Hays für Deutschland, Österreich und die Schweiz. hays.de/hr-report. Zugegriffen: 21. Jan. 2024.

Hays. (2023). HR-Report 2023: Mitarbeiterbindung – Eine empirische Studie des Instituts für Beschäftigung und Employability IBE und Hays. hays.de/hr-report Zugegriffen: 21. Jan. 2024.

Hill, E. J., Grzywacz, J. G., Allen, S., Blanchard, V. L., Matz-Costa, C., Shulkin, S., & Pitt-Catsouphes, S. (2008). Defining and conceptualizing workplace flexibility. *Community, Work & Family, 11*(2), 149–163. https://doi.org/10.1080/13668800802024678.

Hofmann, J., Piele, A., & Piele, C. (2019). *New work: best practices und Zukunftsmodelle.* Fraunhofer IAO. https://doi.org/10.24406/publica-fhg-299651.

Holst, E., Busch-Heizmann, A., & Wieber, A. (2015). Führungskräfte-Monitor 2015: Update 2001–2013. DIW Berlin: Politikberatung kompakt, 100 (VII). https://www.diw.de/de/diw_01.c.510273.de/publikationen/politikberatung_kompakt/2015_0100/fuehrungskra efte-monitor_2015__update_2001_-_2013.html. Zugegriffen: 21. Jan. 2024.

Itani, O., & Kaneita, Y. (2016). The association between shift work and health: A review. *Sleep and Biological Rhythms, 14*, 231–239. https://doi.org/10.1007/s41105-016-0055-9.

Jäckel, A. (2020). Vertrauen und Führung im Kontext digitaler Arbeit. *Gruppe. Interaktion. Organisation. Zeitschrift für Angewandte Organisationspsychologie, 51*(2), 169–176. https://doi.org/10.1007/s11612-020-00516-y.

Joyce, K., Pabayo, R., Critchley, J. A., & Bambra, C. (2010). Flexible working conditions and their effects on employee health and wellbeing (Review). *Cochrane Database of Systematic Reviews, 2*, 1465–1858. https://doi.org/10.1002/14651858.CD008009.pub2.

Kauffeld, S., Jonas, E., & Frey, D. (2004). Effects of a flexible work-time design on employee- and company-related aims. *European Journal of Work and Organizational Psychology, 13*(1), 79–100. https://doi.org/10.1080/13594320444000001.

Kelliher, C., Richardson, J., & Boiarintseva, G. (2019). All of work? All of life? Reconceptualising work-life balance for the 21st century. *Human Resource Management Journal, 29*, 97–112. https://doi.org/10.1111/1748-8583.12215.

Kelly, E. L., & Kalev, A. (2006). Managing flexible work arrangements in US organizations: Formalized discretion or 'a right to ask'. *Socio-Economic Review, 4*(3), 379–416. https://doi.org/10.1093/ser/mwl001.

Knoblauch, M., Abraham, L., & Gammel, J. H. (2022). Digitales Management erfolgreich implementieren – Expertenbefragung zur Umsetzung von Workforce Management Projekten. ATOSS Software AG, https://www.atoss.com/de/loesungen/digitales-workforce-management. Zugegriffen: 27. Jan. 2024.

Knotts, K., Houghton, J. D., Pearce, C. L., Chen, H., Stewart, G. L., & Manz, C. C. (2022). Leading from the inside out: A meta-analysis of how, when, and why self-leadership affects individual outcomes. *European Journal of Work and Organizational Psychology, 31*(2), 273–291. https://doi.org/10.1080/1359432X.2021.1953988.

Kossek, E. E. (1989). The acceptance of human resource innovation by multiple constituencies. *Personnel Psychology, 42*(2), 263–281. https://doi.org/10.1111/j.1744-6570.1989.tb00657.x.

Lee, S., McCann, D., & Messenger, J. C. (2007). Working time around the world: Trends in working hours, laws and policies in a global comparative perspective. In *Routlegdge studies in the modern world economy*, Routledge.

McGrath, J. (2021). *The digital workforce – The five-step workforce method to maximise the value of people* (2. Aufl.).

Müller, T., & Niessen, C. (2019). Self-leadership in the context of part-time teleworking. *Journal of Organizational Behavior, 40*(8), 883–898. https://doi.org/10.1002/job.2371.

Nijp, H. H., Beckers, D. G., van de Voorde, K., Geurts, S. A., & Kompier, M. A. (2016). Effects of new ways of working on work hours and work location, health and job-related outcomes. *Chronobiology international, 33*(6), 604–618. https://doi.org/10.3109/07420528.2016.1167731.

Piszczek, M. M., & Pimputkar, A. S. (26 October 2020). Flexible schedules across working lives: Age-specific effects on well-being and work. *Journal of Applied Psychology.* Advance online publication. https://doi.org/10.1037/apl0000844.

Randstad. (2023). Employer Brand Research – Bericht Deutschland. https://www.randstad.de/hr-portal/employer-branding/employer-brand-research/laenderbericht/. Zugegriffen: 10. Jan. 2024.

Redman, T., Snape, E., & Ashurst, C. (2009). Location, location, location: Does place of work really matter? *British Journal of Management, 20*, 171–S181. https://doi.org/10.1111/j.1467-8551.2008.00640.x.

Renard, K., Cornu, F., Emery, Y., & Giauque, D. (2021). The Impact of new ways of working on organizations and employees: A systematic review of literature. *Administrative Sciences, 11*(2), 38. https://doi.org/10.3390/admsci11020038.

Riesbeck, P. (2023). Am fünften Tage ruhen: Funktioniert die Vier-Tage-Woche? Berliner Zeitung, https://www.berliner-zeitung.de/wirtschaft-verantwortung/new-work-flexible-arbeitszeitmodelle-start-up-einhorn-berlin-belgien-island-am-fuenften-tage-ruhen-funktioniert-die-vier-tage-woche-li.303093. Zugegriffen: 27. Jan. 2024.

Rivera, A. S., Akanbi, M., O'Dwyer, L. C., & McHugh, M. (2020). Shift work and long work hours and their association with chronic health conditions: A systematic review of systematic reviews with meta-analyses. *PLoS ONE, 15*(4), 1–19. https://doi.org/10.1371/journal.pone.0231037.

Rump, J., & Eilers, S. (2020). Strategie für die Zukunft – Vom Trendscanning zur Strategischen Personalplanung. In J. Rump & S. Eilers (Hrsg.), *Strategische Personalplanung – Aktuelle Trends und Entwicklungen.* Springer Nature.

Ruostela, J., Lönnqvist, A., Palvalin, V., & M., Patjas, M., & Raij A. (2014). New Ways of Working' as a tool for improving the performance of a knowledge-intensive company. *Knowledge Management Research & Practice, 13*, 382–390. https://doi.org/10.1057/kmrp.2013.57.

Schein, E. H. (1985). *Organizational Culture and Leadership.* Jossey-Bass Publishers.

Scherf, B., & Zander, G. (2021). *New workforce management. Arbeitszeit und Personaleinsatzplanung human, wirtschaftlich und kundenorientiert gestalten* (1. Aufl.). BoD – Books on Demand.

Schmoll, R., & Süß, S. (2019). Working anywhere, anytime: An experimental investigation of workplace flexibility's influence on organizational attraction. *Management Revue, 30*, 40–62. https://doi.org/10.5771/0935-9915-2019-1-40.

Seong, J., White, O., Woetzel, J., Smit, S., Devesa, T., Birshan, M., & Samandari, H. (2022). Global flows: The ties that bind in an interconnected world (Discussion Paper). McKinsey Global Institute. www.mckinsey.com/mgi. Zugegriffen: 10. Jan. 2024.

Shepard, E. M., III., Clifton, T. J., & Kruse, D. (1996). Flexible work hours and productivity: some evidence from the pharmaceutical industry. *Industrial Relations: A Journal of Economy and Society, 35*, 123–139. https://doi.org/10.1111/j.1468-232X.1996.tb0 0398.x.

Shon, Y., Ryu, S., Suh, B. S., Kim, S. G., Kim, W. S., Son, H. S., Kim, H. Y., & Jeong, H. S. (2016). Comparison of sleep quality based on direction of shift rotation in electronics workers. *Annals of Occupational and Environmental Medicine, 28*(1), 37. https://doi.org/ 10.1186/s40557-016-0122-3.

Statista. (2024). Umfrage unter Gen Z und Millennials zum Verbleiben beim aktuellen Arbeitgeber 2023. Statista Research Department. https://de.statista.com/statistik/daten/ studie/1394395/umfrage/umfrage-unter-gen-z-und-millennials-zum-verbleiben-beim-akt uellen-arbeitgeber/. Zugegriffen: 10. Jan. 2024.

Statistisches Bundesamt. (2018). Anteil der Akademikerinnen bei 30- bis 34-Jährigen doppelt so hoch wie vor einer Generation. Pressemitteilung Nr. 332 vom 6. September 2018. https://www.destatis.de/DE/Presse/Pressemitteilungen/2018/09/PD18_332_217.html. Zugegriffen: 10. Jan. 2024.

Statistisches Bundesamt. (2021). Auszug aus dem Datenreport 2021 zu Bildung (Kapitel 3). https://www.destatis.de/DE/Service/Statistik-Campus/Datenreport/Downloads/datenr eport-2021-kap-3.html. Zugegriffen: 10. Jan. 2024.

Statistisches Bundesamt. (2022). Gesamtumsatz und ausgewählte Kosten (Anteil am Gesamtumsatz) 2020 nach Beschäftigungsgrößenklassen. https://www.destatis.de/ DE/Themen/Branchen-Unternehmen/Bauen/Tabellen/gesamtumsatz-kosten.html. Zugegriffen: 18. Aug. 2022.

Statistisches Bundesamt. (2024a). Demographischer Wandel. https://www.destatis.de/DE/ Im-Fokus/Fachkraefte/Demografie/_inhalt.html. Zugegriffen: 10. Jan. 2024.

Statistisches Bundesamt. (2024b). Glossar: Arbeitsmarkt – Teilzeit. https://www.destatis. de/DE/Themen/Arbeit/Arbeitsmarkt/Glossar/teilzeittaetigkeit.html. Zugegriffen: 30. Jan. 2024.

Strohm, O., & Ulich, E. (1999). MTO-Analyse: Ganzheitliche Betriebsanalyse unter Berücksichtigung von Mensch, Technik, Organisation. In H. Dunckel (Hrsg.), *Handbuch psychologischer Arbeitsanalyseverfahren* (S. 319–340). Schriftenreihe Mensch – Technik – Organisation (Hrsg. E. Ulich). Bd. 14. Vdf Hochschulverlag AG an der ETH Zürich.

Strohm, O., & Ulich. E. (1997). Unternehmen arbeitspsychologisch bewerten. Ein Mehrebenenansatz unter besonderer Berücksichtigung von Mensch, Technik und Organisation. Schriftenreihe Mensch, Technik – Organisation (E. Ulich). Bd. 10. Vdf Hochschulverlag AG an der ETH Zürich.

Krankenkasse, T. (2020). *Schicht für Schicht gesund – Eine Handlungshilfe für Unternehmen und Führungskräfte* (2. Aufl.). Techniker Krankenkasse: Hamburg.

ten Brummelhuis, L. L., Bakker, A. B., Hetland, J., & Keulemans, L. (2012). Do new ways of working foster work engagement? *Psicothema, 24*, 113–120.

Ulich, E. (1997). Mensch, Technik, Organisation: Ein europäisches Produktionskonzept. In O. strohm & E. Ulich (Hrsg.). Unternehmen arbeitspsychologisch bewerten (S. 5–17). Schriftenreihe Mensch – Technik – Organisation. Bd. 10. Vdf Hochschulverlag AG an der ETH Zürich.

van Osch, Y., & Schaveling, J. (2020). The effects of part-time employment and gender on organizational career growth. *Journal of Career Development, 47*(3), 328–343. https://doi.org/10.1177/0894845317728359.

van Steenbergen, E. F., van der Ven, C., Peeters, M. C. W., & Taris, T. W. (2018). Transitioning towards new ways of working: Do job demands, job resources, burnout, and engagement change? *Psychological Reports, 121*, 736–766. https://doi.org/10.1177/0033294117740134.

Weideman, M., & Hofmeyr, K. (2020). The influence of flexible work arrangements on employee engagement: An exploratory study. *SA Journal of Human Resource Management, 18*, 1–18. https://doi.org/10.4102/sajhrm.v18i0.1209.

Zhao, Y., Richardson, A., Poyser, C., Butterworth, P., Strazdins, L. & Leach, L. S. (2019). Shift work and mental health: A systematic review and meta-analysis. *International Archives of Occupational and Environmental Health, 92*(6), S. 763–793. https://doi.org/10.1007/s00420-019-01434-3.

Printed in the USA
CPSIA information can be obtained
at www.ICGtesting.com
CBHW072318110824
13040CB00005B/275

9 783658 443870